Η σκοτεινή πλευρά της προόδου

Αντιμετωπίζοντας τις προκλήσεις της
τεχνολογίας και της κοινωνίας

Dan Desmarques

22 Lions

Η σκοτεινή πλευρά της προόδου: Αντιμετωπίζοντας τις προκλήσεις της τεχνολογίας και της κοινωνίας

Γράφτηκε από τον Dan Desmarques

Ευρετήριο

Εισαγωγή   VII

1. Κεφάλαιο 1: Πέρα από το πέπλο   1

2. Κεφάλαιο 2: Η διπλή όψη της προόδου   5

3. Κεφάλαιο 3: Η εξουσία και η σκοτεινή της πλευρά   9

4. Κεφάλαιο 4: Καταπιεσμένη καινοτομία   13

5. Κεφάλαιο 5: Αποκαλύπτοντας την εσωτερική σας   17
   αλήθεια

6. Κεφάλαιο 6: Ξετυλίγοντας τα μυστήρια της ζωής   21

7. Κεφάλαιο 7: Τα όρια της γνώσης   27

8. Κεφάλαιο 8: Αγκαλιάζοντας την αυτογνωσία   31

9. Κεφάλαιο 9: Συναισθηματική αεροπειρατεία   35

10. Κεφάλαιο 10: Η πολυπλοκότητα της πραγματικότητας   39

11. Κεφάλαιο 11: Η δύναμη της απελευθέρωσης   43

12. Κεφάλαιο 12: Επίτευξη οικονομικής επιτυχίας   47

13. Κεφάλαιο 13: Ξεπερνώντας την αρνητικότητα   51

14. Κεφάλαιο 14: Αναζητώντας την κανονικότητα   55

15. Κεφάλαιο 15: Η αναζήτηση της προόδου 59

16. Κεφάλαιο 16: Η αξία της γνώσης 63

17. Κεφάλαιο 17: Το παράδοξο της λογικής 67

18. Κεφάλαιο 18: Αξιοποίηση της συλλογικής συνείδησης 73

19. Κεφάλαιο 19: Βρίσκοντας την κανονικότητα 77

20. Κεφάλαιο 20: Η αιώνια μελωδία 81

21. Κεφάλαιο 21: Η ψευδαίσθηση της αρετής 85

22. Κεφάλαιο 22: Βρίσκοντας παρηγοριά στην πίστη 91

23. Κεφάλαιο 23: Οι περίπλοκοι μηχανισμοί της ζωής 95

24. Κεφάλαιο 24: Η δύναμη της αντίληψης 99

25. Κεφάλαιο 25: Σκέψεις για την ανθρωπότητα 103

26. Κεφάλαιο 26: Τελικές σκέψεις 107

27. Γλωσσάριο 111

28. Αίτημα αναθεώρησης βιβλίου 117

29. Σχετικά με τον συγγραφέα 119

30. Επίσης γραμμένο από τον συγγραφέα 121

31. Σχετικά με τον εκδότη 129

Εισαγωγή

Το βιβλίο Η σκοτεινή πλευρά της προόδου: Αντιμετωπίζοντας τις προκλήσεις της τεχνολογίας και της κοινωνίας παρουσιάζει ένα αποκαλυπτικό ταξίδι στα όρια και την πολυπλοκότητα της ζωής. Αυτό το βιβλίο προκαλεί τους αναγνώστες να διευρύνουν το μυαλό τους και να αγκαλιάσουν το άγνωστο, καθώς τους καθοδηγεί μέσα από θέματα που προκαλούν σκέψη και εξερευνούν την πολυπλοκότητα της πραγματικότητάς μας. Προσφέρει εικόνα των συχνά παραγνωρισμένων πτυχών της ύπαρξής μας, χρησιμεύει ως οδηγός για την κατανόηση του τραύματος και του ελέγχου και εξερευνά τα όρια της γνώσης, της φιλοσοφίας και της θρησκείας.

Ο συγγραφέας σας οδηγεί σε μια συναρπαστική εξερεύνηση όλων των πτυχών της ζωής, από την πνευματικότητα και τη συνείδηση μέχρι την επιστήμη και την τεχνολογία. Αυτό το βιβλίο δεν είναι απλώς μια συλλογή αφηρημένων ιδεών, αλλά ένας πρακτικός οδηγός για να ξεδιαλύνετε τα μυστήρια της ζωής σας και να διευρύνετε το μυαλό σας ώστε να αγκαλιάσετε την πολυπλοκότητα της πραγματικότητας. Εμβαθύνει στην ανθρώπινη κατάσταση, στους κοινωνικούς κανόνες και στις παγίδες της προόδου, προκαλώντας τους αναγνώστες να κοιτάξουν πέρα από την επιφάνεια και να κατανοήσουν βαθύτερες αλήθειες.

Στα κεφάλαια που ακολουθούν, θα βρείτε ένα πλούσιο μωσαϊκό από ιδέες και προβληματισμούς για διάφορα θέματα, όπως τα όρια της αντίληψης, η σκοτεινή πλευρά της τεχνολογικής προόδου, η πολυπλοκότητα της εξουσίας και η σημασία της αυτογνωσίας. Κάθε κεφάλαιο έχει σχεδιαστεί για να προκαλεί σκέψεις και να εμπνέει μια βαθύτερη κατανόηση του κόσμου γύρω μας και μέσα μας.

Ακολουθήστε τον συγγραφέα σε αυτό το μεταμορφωτικό ταξίδι για να διευρύνετε τη συνείδησή σας, να αμφισβητήσετε τις αντιλήψεις σας και να αγκαλιάσετε την πολυπλοκότητα της πραγματικότητας. Είτε αναζητάτε προσωπική ανάπτυξη, φιλοσοφική διορατικότητα ή μια βαθύτερη κατανόηση του κόσμου, το βιβλίο αυτό προσφέρει έναν ολοκληρωμένο οδηγό για να περιηγηθείτε στην πολυπλοκότητα της ζωής και να βρείτε την εσωτερική γαλήνη.

Κεφάλαιο 1: Πέρα από το πέπλο

Σ υνειδητοποίησα ότι οι άνθρωποι περιορίζονται από την αντίληψή τους για τον κόσμο. Βλέπουμε τον κόσμο μέσα από έναν συγκεκριμένο φακό, και αυτός ο φακός μάς εμποδίζει να δούμε διαχρονικές αλήθειες. Ο μεγαλύτερος περιορισμός μας, ωστόσο, είναι η ανάγκη μας να γίνουμε αποδεκτοί. Αυτή η ανάγκη είναι που συχνά μας οδηγεί να αναζητούμε παρηγοριά σε ψεύδη και να αγνοούμε τις πολυπλοκότητες της πραγματικότητας.

Για παράδειγμα, είναι ενδιαφέρον να παρατηρήσουμε τους ανθρώπους που προσβάλλουν τους άλλους. Αυτοί οι άνθρωποι συχνά εστιάζουν στα φαινόμενα και είναι περιορισμένοι στην κατανόηση του κόσμου. Δεν μπορούν να δουν την αλήθεια και αντ' αυτού επενδύουν την ενέργειά τους σε ψεύδη και ζουν μια μίζερη ζωή άγνοιας. Είναι μια πρόκληση να παρακολουθείς τέτοια άτομα και να μην μπορείς να κάνεις τίποτα γι' αυτό, εκτός από το να προχωράς.Καθώς μεγαλώνουμε, συναντάμε συχνά ανθρώπους που κουβαλούν μέσα τους μίσος και πικρία. Δεν προετοιμάζονται για τον θάνατο και αντ' αυτού επικεντρώνονται στην εξωτερική σωτηρία, πράγμα που τους κάνει εγωιστές και διαφθείρει την ψυχή τους. Πολλές θρησκείες διαιωνίζουν αυτόν τον κύκλο διαφθοράς και εμποδίζουν τους οπαδούς τους να αναγνωρίσουν τις διαχρονικές αλήθειες του κόσμου. Αλλά για να κατανοήσουμε την πολυπλοκότητα της ιστορίας, πρέπει να αναγνωρίσουμε ότι η αλήθεια είναι κάτι περισσότερο από μια απλή αφήγηση του καλού και του κακού. Οι γραμμικές ιστορίες που παρουσιάζουν τον κόσμο ως μαύρο και άσπρο είναι συχνά παραπλανητικές και αποτυγχάνουν να αποτυπώσουν την πολυπλοκότητα της πραγματικότητας. Είναι απαραίτητο να αγκαλιάσουμε την πολυπλοκότητα της ιστορίας προκειμένου να κατανοήσουμε σωστά την τρέχουσα και την ιστορική πραγματικότητα.Ως κάποιος που έχει ταξιδέψει εκτενώς και έχει φίλους από όλο τον κόσμο, θεωρώ ότι είναι περιοριστικό να πιστεύει κανείς ότι ο δικός του πολιτισμός είναι ανώτερος από τους άλλους και να περιφρονεί άλλους πολιτισμούς χωρίς να τους κατανοεί πραγματικά. Αυτή η πεποίθηση οδηγεί συχνά σε συναισθηματική προσκόλληση σε ψεύδη και εμποδίζει τα άτομα να εξελιχθούν και να ενσωματώσουν τις διαφορές και τις ομοιότητες. Εκτιμώ τους ανθρώπους γι' αυτό που είναι, όχι για το πού γεννήθηκαν.

Ωστόσο, βρίσκω περίεργο το γεγονός ότι πολλοί άνθρωποι σπεύδουν να με συστήσουν σε ανθρώπους από τον δικό μου πολιτισμό, ακόμη και αν τους αποφεύγω. Οι περισσότεροι Ευρωπαίοι που έχω γνωρίσει είναι αγενείς και αδαείς, αλλά αυτό δεν σημαίνει ότι όλοι οι Ευρωπαίοι είναι ίδιοι. Με ενδιαφέρει όμως περισσότερο να επικοινωνώ με ανθρώπους που έχουν κουλτούρα μοιράσματος παρά ανταγωνισμού, γι' αυτό και δεν ενδιαφέρομαι τόσο πολύ να επικοινωνώ με Ευρωπαίους.Θα πρέπει να εκτιμούμε τους ανθρώπους γι' αυτό που είναι, όχι για το πού γεννήθηκαν, αλλά κατανοώντας την πολυπλοκότητα της πραγματικότητας, θα πρέπει επίσης να κατανοήσουμε ότι πολλά ευρωπαϊκά έθνη έχουν μια ιστορία επιθετικότητας, ρατσισμού και αποικισμού. Οι καλύτεροι Ευρωπαίοι εγκατέλειψαν τις πατρίδες τους και εξαπλώθηκαν σε όλο τον κόσμο, ενώ πολλοί από αυτούς βρήκαν το δρόμο τους προς τη Νότια Αμερική. Ωστόσο, η προσκόλληση των ανθρώπων στην έννοια του έθνους παραμένει ισχυρή, ακόμη και αν δεν έχει νόημα στον σημερινό παγκοσμιοποιημένο κόσμο. Καθώς προχωράμε μπροστά και εξελισσόμαστε ως άτομα, πρέπει να αναγνωρίσουμε τη σημασία της κατανόησης του κόσμου από μια διαφορετική οπτική γωνία. Πρέπει να αναγνωρίσουμε τους περιορισμούς των αντιλήψεών μας και να αποδεχτούμε την πολυπλοκότητα της πραγματικότητας. Πρέπει να είμαστε πρόθυμοι να αφήσουμε την προσκόλλησή μας σε ψεύδη και να αναγνωρίσουμε τις διαχρονικές αλήθειες του κόσμου. Πρέπει να είμαστε πρόθυμοι να εξελιχθούμε και να ενσωματώσουμε τις διαφορές και τις ομοιότητες προκειμένου να οικοδομήσουμε έναν καλύτερο κόσμο και μια καλύτερη ταυτότητα για τον εαυτό μας.

Κεφάλαιο 2: Η διπλή όψη της προόδου

Αντιλαμβάνομαι ότι οι γνώσεις μου είναι ευρείες και εφαρμόσιμες σε κάθε τομέα του εμπορίου ή της βιομηχανίας, αλλά καταλαβαίνω επίσης ότι η τεχνολογία και η πρόοδος, όσο εφικτές και αν φαίνονται, έχουν μια σκοτεινή πλευρά που πολλοί αδυνατούν να δουν. Υπάρχει μια συνεχής μάχη για τη συλλογική συνείδηση της ανθρωπότητας. Από τη μία πλευρά είναι εκείνοι που επιθυμούν να ανεβάσουν το πνευματικό μας επίπεδο, ενώ από την άλλη πλευρά είναι εκείνοι που επιθυμούν να χειραγωγήσουν την κοινωνία σε ένα χαμηλότερο επίπεδο συνείδησης. Σε αυτή την πτυχή της πραγματικότητάς μας, έχω παρατηρήσει ότι οι περισσότεροι άνθρωποι νομίζουν ότι γνωρίζουν πολλά, αλλά στην πραγματικότητα δεν γνωρίζουν τίποτα. Ο γρήγορος ρυθμός της τεχνολογικής προόδου φέρνει αυτή την ιδέα πιο κοντά στη συλλογικότητα - την ψευδαίσθηση της γνώσης. Από την άλλη πλευρά, αυτό καθιστά επίσης ευκολότερη την υπέρβαση της συλλογικής συνείδησης.

Ένα καλό παράδειγμα είναι τα κρυπτονομίσματα, τα οποία έχουν γίνει πολύ δημοφιλή. Ενώ είναι κατανοητό ότι οι άνθρωποι θέλουν να είναι αισιόδοξοι για αυτή τη νέα μορφή χρήματος, συχνά παραβλέπουν τις πιθανές παγίδες της. Κατ' αρχάς, τα κρυπτονομίσματα δεν υποστηρίζονται από τίποτα, γεγονός που δεν αποτελεί πλεονέκτημα, αλλά μειονέκτημα. Η υπερβολική χρήση μπορεί να έχει σοβαρές συνέπειες. Επιπλέον, οι στατιστικές δείχνουν ότι τα κρυπτονομίσματα απέχουν πολύ από το να είναι σταθερά ή προβλέψιμα και οι απάτες είναι ανεξέλεγκτες. Οι λάτρεις των κρυπτονομισμάτων υποστηρίζουν ότι αυτά τα νομίσματα είναι καλύτερα, αλλά οι κυβερνήσεις προσπαθούν να ρυθμίσουν και να φορολογήσουν αυτό το ψευδές χρήμα.

Ενώ είναι εύκολο για μια κυβέρνηση να καταστήσει τα κρυπτονομίσματα παράνομα, οι περισσότερες εφαρμογές για τους χρήστες κρυπτονομισμάτων είναι διαθέσιμες μόνο σε ορισμένες χώρες, γεγονός που καθιστά την αποκέντρωση χωρίς νόημα. Επιπλέον, καθώς οι τοπικές οικονομίες συρρικνώνονται, οι άνθρωποι τείνουν να πωλούν τα κρυπτονομίσματά τους, γεγονός που δείχνει μια ισχυρή συσχέτιση μεταξύ των κρυπτονομισμάτων και των τοπικών οικονομιών. Τελικά, το χρήμα θα γίνει εντελώς εικονικό, αλλά η αποκέντρωση είναι απίθανη.

Η διαχείριση του χρήματος, η γνώση και τα υλικά περιουσιακά στοιχεία θα παραμείνουν οι ασφαλέστερες επενδύσεις. Δεν έχουμε εξελιχθεί αρκετά ώστε να είμαστε αυτάρκεις και δεν θα φτάσουμε σύντομα στην ουτοπία. Τούτου λεχθέντος, τα κρυπτονομίσματα μπορούν ακόμη να ωφελήσουν τους ανθρώπους σε ορισμένες περιπτώσεις, αλλά η μάχη για τη συνείδηση υπερβαίνει τα οικονομικά. Οι πόλεμοι έχουν συχνά οικονομικά κίνητρα και τα εικονικά δεδομένα ελέγχονται όλο και περισσότερο από μια επιλεγμένη ομάδα ανθρώπων. Από την άλλη πλευρά, είδαμε επίσης πόσο εύκολο ήταν για τις κεντρικές υπηρεσίες πληροφοριών να δολοφονήσουν τους ιδρυτές των κρυπτονομισμάτων και των εφαρμογών οικονομικών συναλλαγών.

Σε κάθε περίπτωση, οι οικονομικοί εμπειρογνώμονες μας προειδοποιούν για τους κινδύνους που εγκυμονεί το γεγονός ότι επιτρέπουμε σε λίγους ανθρώπους να ελέγχουν τόσα πολλά δεδομένα. Ως εκ τούτου, η εκμάθηση των συναλλαγών στην αγορά, των νομισμάτων και των οικονομικών αλλαγών μπορεί να μας δώσει πλεονέκτημα σε έναν ταχέως μεταβαλλόμενο κόσμο. Ως συγγραφέας, ο απώτερος στόχος μου είναι να ευαισθητοποιήσω τους ανθρώπους σχετικά με τον αγώνα για συνείδηση και να τους εκπαιδεύσω σχετικά με τις πιθανές παγίδες της προόδου, αλλά αυτό δεν σημαίνει ότι προτιμώ τη μία ή την άλλη πλευρά. Επιπλέον, πιστεύω ότι ο μεγαλύτερος περιορισμός των μαζών είναι η επιμονή τους σε μια δυαδική θεώρηση της πραγματικότητας, όπου ένα πράγμα είναι καλό επειδή ένα άλλο είναι κακό, ή είναι αληθινό επειδή ένα άλλο είναι ψευδές.

Οι περισσότεροι άνθρωποι έχουν εξαρτηθεί και καθυστερήσει σημαντικά από το εκπαιδευτικό σύστημα, το οποίο τους διαπαιδαγωγεί με πολλές άχρηστες πληροφορίες για το πώς να είναι υπάκουοι σκλάβοι και να σκέφτονται μέσα σε συγκεκριμένες παραμέτρους, σαν ρομπότ. Στη συνέχεια, γίνονται ενήλικες που νομίζουν ότι είναι έξυπνοι επειδή μπορούν να σκεφτούν έξω από το κουτί, ακόμη και αν το άλλο κουτί είναι παρόμοιο με αυτό που επικρίνουν. Οι περισσότεροι άνθρωποι απλά δεν έχουν την κριτική σκέψη που απαιτείται για να πάρουν σοφές αποφάσεις, γι' αυτό και αποτυγχάνουν τρομερά.

Πρέπει να προσπαθήσουμε να φτάσουμε σε μια ανώτερη τάξη συνείδησης μέσω της διάκρισης και της ρύθμισης των συναισθημάτων μας, αν θέλουμε να αναπτύξουμε σοφία και να ξεπεράσουμε τα εμπόδια που μας επιβάλλει η κοινωνία που μας έχει αναθρέψει σε ένα συγκεκριμένο παράδειγμα. Μόνο τότε μπορούμε να αποκτήσουμε επίγνωση των επιλογών μας και να χρησιμοποιήσουμε την τεχνολογία και την πρόοδο με σύνεση.

Κεφάλαιο 3: Η εξουσία και η σκοτεινή της πλευρά

Ως ανθρώπινα όντα, προσπαθούμε να απλοποιήσουμε την πολυπλοκότητα του κόσμου στον οποίο ζούμε, αναζητώντας συχνά μια μοναδική πηγή ευθύνης για τα πολύπλοκα διλήμματα που αντιμετωπίζουμε. Ωστόσο, αυτή η αναζήτηση της απλότητας οδηγεί συχνά σε διάφορες θεωρίες συνωμοσίας, στη δημιουργία μυστικών εταιρειών και σε διαστρεβλωμένες απόψεις της πραγματικότητας.

Ένα παράδειγμα είναι η ευρέως διαδεδομένη πεποίθηση ότι οι μασόνοι ελέγχουν τα πάντα στον κόσμο, κάτι που απέχει πολύ από την αλήθεια. Αλλά μπορούμε να το δούμε αυτό μόνο αν κατανοήσουμε καλύτερα την πολυπλοκότητα της εξουσίας και της ανθρώπινης κατάστασης.

Η εξουσία και η πολυπλοκότητά της είναι μερικά από τα μεγαλύτερα προβλήματα της σημερινής κοινωνίας, με τα άτομα να δίνουν προτεραιότητα στο προσωπικό τους κέρδος έναντι της ευημερίας των άλλων. Αυτό το χαρακτηριστικό έχει εκδηλωθεί με διάφορους τρόπους κατά τη διάρκεια της ιστορίας και, παρόλο που μπορεί να πάρει διαφορετικές μορφές -όπως η συσσώρευση πλούτου και πόρων, η επιδίωξη της εξουσίας ή ο έλεγχος των άλλων, ακόμη και με τη βία- τα καταστροφικά αποτελέσματά της παραμένουν τα ίδια, αν και με λιγότερο ορατή δυναμική λόγω της χρήσης της τεχνολογίας και άλλων μέσων επικοινωνίας και συναλλαγής.

Υπό αυτή την έννοια, είναι σημαντικό να αναγνωρίσουμε ότι καμία θρησκεία ή ομάδα δεν είναι εγγενώς καλή ή κακή. Το κακό μπορεί να υπάρχει σε οποιαδήποτε ομάδα, ανεξάρτητα από την πίστη ή την ένταξή της. Ο Χριστιανισμός και το Ισλάμ, για παράδειγμα, έχουν ιστορία βίας, με κάθε ομάδα να διώκει άλλες ερμηνείες της Βίβλου ή του Κορανίου. Αυτό δημιούργησε μια διαστρεβλωμένη εικόνα της πραγματικότητας που έχουν πολλοί άνθρωποι σήμερα, οδηγώντας σε διάφορες κοινωνικές και πολιτικές προκαταλήψεις.

Η προσέγγιση των πάντων με κριτική ματιά είναι το κλειδί για την κατανόηση της εξουσίας και της ανθρώπινης κατάστασης. Η τυφλή εμπιστοσύνη σε οποιαδήποτε πηγή πληροφοριών, ειδικά όταν είναι κρυφή ή μυστική, μπορεί να μας αφήσει με μια διαστρεβλωμένη προοπτική. Στην πραγματικότητα, δεν υπάρχουν μυστικά, αν τολμήσουμε να θέσουμε τις σωστές ερωτήσεις και να αναζητήσουμε τις πληροφορίες που αποκαλύπτουν τα πρότυπα της ανθρώπινης συμπεριφοράς στον σημερινό κόσμο. Πολλοί από τους ηγέτες έχουν γράψει για το δικό τους ταξίδι, το οποίο μας αγιάζει να αποκαλύψουμε εύκολα τις προθέσεις τους.

Είναι απαραίτητο να αναλύουμε τα μοτίβα σκέψης, δράσης και κινήτρων προκειμένου να αναπτύξουμε μια πιο ολοκληρωμένη κατανόηση κάθε κατάστασης. Φυσικά, αυτό είναι ευκολότερο να το λες παρά να το κάνεις. Ως κοινωνικά πλάσματα, συχνά επηρεαζόμαστε από τις πεποιθήσεις και τις απόψεις των άλλων ανθρώπων, γεγονός που καθιστά την αμεροληψία δύσκολη, και αυτή ακριβώς η έλλειψη αμεροληψίας είναι που κάνει την έρευνα τόσο δύσκολη. Δεδομένου ότι δεν είναι η ίδια η έρευνα που μοιάζει αδύνατο να παράγει τα αποτελέσματα που θέλουμε, είναι η επιμονή μας να βλέπουμε τον κόσμο με τα δικά μας μάτια που οδηγεί σε απογοήτευση και στην ανάγκη να συμπληρώσουμε τα κενά με ψευδείς υποθέσεις για την πραγματικότητα.

Όσο πιο αδαής είναι ένας άνθρωπος, τόσο πιο πιθανό είναι να φαντασιώνεται πτυχές του κόσμου που δεν κατανοεί. Όταν ένα άτομο είναι υπερβολικά απορροφημένο από τις φαντασιώσεις του, τείνει να προσβάλλει και να επικρίνει όσους προσπαθούν να εξηγήσουν την αλήθεια, υπονοώντας συχνά ότι δεν καταλαβαίνουν τι συμβαίνει στον κόσμο. Έτσι, οι μάζες είναι αυτές που δημιουργούν τα προβλήματα που αντιμετωπίζουν, όχι οι ηγέτες τους, οι οποίοι απλώς εκμεταλλεύονται αυτό που παρατηρούν, και δεν μπορείτε να κατηγορήσετε το παράσιτο που ενεργεί έτσι.

Είναι σημαντικό να συνειδητοποιήσουμε ότι η αλήθεια μπορεί να είναι άβολη και ακόμη και επώδυνη, αλλά είναι απαραίτητη για να προχωρήσουμε μπροστά. Από την άλλη πλευρά, η αγάπη για το χρήμα περιπλέκει ακόμη περισσότερο το ζήτημα της εξουσίας και της ανθρώπινης κατάστασης, επειδή όλοι θέλουν την αλήθεια μέχρι να πληρωθούν για να κρατήσουν το στόμα τους κλειστό, εκτός αν είναι διατεθειμένοι να χάσουν τη δουλειά τους και να ξεκινήσουν από την αρχή.

Οι περισσότεροι άνθρωποι δεν θα το κάνουν αυτό, οπότε οι γιατροί και οι πολιτικοί δεν οδηγούν σε τίποτα μέσα σε ένα σύστημα που πρέπει να ακολουθήσουν, εκτός αν ο λαός τους είναι πρόθυμος να υποστεί τις συνέπειες, οι οποίες σίγουρα περιλαμβάνουν πόλεμο και λιμό.

Η Βίβλος προειδοποιεί και προβλέπει (Α΄ Τιμόθεο 6:10) ότι «η αγάπη για το χρήμα είναι η ρίζα κάθε κακού», λόγω της τάσης της ανθρώπινης καρδιάς να είναι εγωιστική, και αυτό εννοεί αυτό το συχνά παρερμηνευμένο απόσπασμα. Επιπλέον, ο λόγος της παρερμηνείας του είναι αυτονόητος, επειδή οι άνθρωποι δεν θέλουν να αναλάβουν την ευθύνη των πράξεών τους και να αντιμετωπίσουν τις αδυναμίες τους, οπότε είναι ευκολότερο να κατηγορούν το χρήμα και να ισχυρίζονται ότι η φτώχεια είναι αρετή. Αλλά δεν είναι! Η φτώχεια σε φέρνει στην πιο ευάλωτη θέση, γιατί δεν μπορείς να παρακούσεις αν δεν έχεις τα χρήματα για να είσαι ελεύθερος να βιώσεις τις συνέπειες αυτής της ανυπακοής.

Κεφάλαιο 4: Καταπιεσμένη καινοτομία

Ζούμε σε μια κοινωνία όπου οι άνθρωποι θα κάνουν ό,τι χρειάζεται για να διατηρήσουν τον τρόπο ζωής τους, ακόμη και αν αυτό είναι ηθικά λάθος. Ως αποτέλεσμα, λίγοι κερδίζουν την υποστήριξη των μαζών όταν λένε την αλήθεια, ακόμη και αν πρόκειται να σώσουν τις ζωές των μαζών.

Επιπλέον, οι εφευρέτες της ελεύθερης ενέργειας και οι ολιστικοί γιατροί με θεραπείες για θανατηφόρες ασθένειες αναγκάζονται να πουλήσουν τις πατέντες τους ή ακόμα χειρότερα. Έτσι, ο κόσμος επιβραδύνεται και παραμένει στο σκοτάδι για όσο το δυνατόν περισσότερο, ενώ οι άνθρωποι υποφέρουν από ασθένειες για τις οποίες υπάρχουν θεραπείες ή αναγκάζονται να εργάζονται με ξεπερασμένα συστήματα.

Το διεφθαρμένο σύστημα που εκμεταλλεύεται τους ανθρώπους και καταστέλλει την επιστημονική και τεχνολογική πρόοδο κρατά τον πλανήτη μας σε μια άλλη μορφή σκοτεινού μεσαίωνα. Αλλά οι άνθρωποι με τη λιγότερη οικονομική δύναμη είναι οι πιο ελεγχόμενοι, γεγονός που καθιστά δυσκολότερο να καταπολεμήσουν τη διαφθορά και να πιέσουν για αλλαγή.

Τρανό παράδειγμα αποτελεί η Κίνα, όπου οι ξένοι εργάτες εκπληρώνουν κάθε απαίτηση για να διατηρήσουν τις θέσεις εργασίας τους, παρά την κριτική που ασκείται στο κομμουνιστικό καθεστώς. Όταν αναλύουμε την πολυπλοκότητα της ανθρώπινης φύσης, ανακαλύπτουμε ότι δεν υπάρχει μία μόνο πηγή ευθύνης για την πολυπλοκότητα της εξουσίας και της ανθρώπινης κατάστασης, επειδή ο καθένας είναι υπεύθυνος γι' αυτήν μέσω των δικών του πράξεων και επιλογών. Εναπόκειται σε κάθε άτομο να αναλάβει την ευθύνη των πράξεών του και να προσπαθήσει να δημιουργήσει μια δίκαιη και ισότιμη κοινωνία για όλους. Αλλά αυτό δεν θα συμβεί μέχρι να επιτευχθεί μια σημαντική μάζα της κοινωνίας και αυτή η μάζα να ανέλθει σε ένα υψηλότερο επίπεδο συνείδησης και ενσυναίσθησης για τη συλλογικότητα, παρά τις φυλετικές, θρησκευτικές και εθνικές διαφορές.

Από την άλλη πλευρά, όλη η διανοητική δύναμη στον κόσμο διατηρείται υπό τον έλεγχο εκείνων που χρηματοδοτούν την έρευνά της, πράγμα που σημαίνει ότι όλα γίνονται για να λειτουργήσουν ενάντια στις μάζες. Αυτός είναι ο λόγος για τον οποίο οι περισσότερες έρευνες στην ψυχολογία αποσκοπούν στο να ανακαλύψουν πώς συμπεριφέρονται μεγάλες ομάδες ανθρώπων ή αρουραίοι, επειδή οι περισσότεροι άνθρωποι έχουν το επίπεδο συνείδησης ενός αρουραίου και όχι την κατανόηση που επιτρέπει η ανθρώπινη ψυχή σε ατομικό επίπεδο. Αν πας κόντρα στις μάζες, θα θεωρηθείς λάθος και τότε θα αντιμετωπίσεις την απόλυτη εξουσία του συστήματος πάνω σου με τη μορφή μαζικής αντίθεσης από τους ίδιους τους ανθρώπους - τη γελοιοποίηση, την περιφρόνηση, τις προσβολές και την ασέβειά τους.

Γιατί, λοιπόν, οι ελίτ να νοιάζονται για τα άτομα, όταν οι μάζες καταπιέζουν εκείνους ανάμεσά τους που προσπαθούν να βοηθήσουν; Η απάντηση είναι ότι δεν χρειάζεται, ειδικά όταν μπορούν να λογοκρίνουν τους αντιφρονούντες μέσω του ελέγχου των μέσων μαζικής ενημέρωσης.

Κεφάλαιο 5: Αποκαλύπτοντας την εσωτερική σας αλήθεια

Όλοι λαχταράμε για νόημα, σκοπό και αλήθεια, αλλά αυτές οι απαντήσεις δεν είναι πάντα άμεσα διαθέσιμες και μπορεί να τις αναζητήσουμε σε λάθος μέρη. Η αλήθεια που αναζητούμε βρίσκεται μέσα μας και είναι στο χέρι μας να αξιοποιήσουμε την εσωτερική μας σοφία για να τη βρούμε. Το ταξίδι ξεκινά με δύο βασικά στοιχεία: τη σοφία που βρίσκεται στα βιβλία και τη σοφία της φύσης. Αυτές οι δύο πηγές μπορούν να σας οδηγήσουν στο πρόσωπο που θέλετε να γίνετε και να σας βοηθήσουν να βρείτε τη θέση σας σε αυτόν τον κόσμο. Τα βιβλία περιέχουν έναν πλούτο γνώσεων που μπορούν να σας βοηθήσουν να βρείτε την εσωτερική σας αλήθεια. Η ανάγνωση ενός βιβλίου σας ανοίγει νέες προοπτικές και ιδέες που μπορεί να μην είχατε συναντήσει ποτέ πριν. Δεν χρειάζεται να διαβάσετε ένα βιβλίο από την αρχή μέχρι το τέλος- μπορείτε να το διαβάσετε όσο χρειάζεται. Μπορείτε να ανοίξετε οποιοδήποτε βιβλίο σε οποιαδήποτε σελίδα και να διαβάσετε οποιαδήποτε παράγραφο σας τραβάει το βλέμμα.

Όσο περισσότερο διαβάζετε, τόσο περισσότερο θα συνειδητοποιείτε ότι τα πάντα στη ζωή συνδέονται μεταξύ τους και ότι κάθε μάθημα μπορεί να σας βοηθήσει να βρείτε το δρόμο σας. Για παράδειγμα, μπορείτε να κάνετε ένα διάλειμμα από τη δουλειά και να περάσετε από ένα βιβλιοπωλείο ή να επισκεφθείτε ένα τοπικό πανεπιστήμιο και, σε αυτές τις στιγμές, μπορείτε να διαβάσετε τυχαίες προτάσεις από βιβλία χωρίς απαραίτητα να διαβάσετε ολόκληρο το βιβλίο. Αυτή η άσκηση μπορεί να σας βοηθήσει να φυτέψετε σπόρους στο μυαλό σας που θα αρχίσουν να μεγαλώνουν και να σας βοηθήσουν να οραματιστείτε πιο καθαρά αυτό που θέλετε.Η φύση είναι επίσης μια ισχυρή πηγή σοφίας που μπορεί να σας εμπνεύσει να βρείτε την εσωτερική σας αλήθεια. Αν κλείσετε τα μάτια σας και ακούσετε τον άνεμο, μπορείτε να επικεντρωθείτε σε αυτό που σας λέει, επειδή υπάρχει σοφία στους ήχους της φύσης. Τα μοτίβα της φύσης μπορούν να σας συνδέσουν με την πηγή όλης της δημιουργίας, και αυτή η σύνδεση μπορεί να σας βοηθήσει να κατανοήσετε την αποστολή σας σε αυτόν τον πλανήτη και τον ρόλο σας στον κόσμο.

Όταν πηγαίνετε μια βόλτα, παρατηρήστε τα χρώματα των λουλουδιών, τους διαφορετικούς ήχους των πουλιών και την αίσθηση της γης κάτω από τα πόδια σας. Αν βρίσκεστε κοντά σε νερό, ακούστε τον ήχο που κάνει και νιώστε τη ροή του ρεύματος. Παρατηρήστε τα μοτίβα της φύσης και θα αρχίσετε να βλέπετε μοτίβα και στη δική σας ζωή.

Μόλις συνδεθείτε με την εσωτερική σας σοφία μέσω των βιβλίων και της φύσης, αρχίστε να κρατάτε σημειώσεις, καθώς θα είναι φυσικό να ανακαλύψετε πολλές σκέψεις και αναμνήσεις μέσα σας! Οι πληροφορίες που λαμβάνετε αυτή τη στιγμή είναι μια συνειδητοποίηση των απαντήσεων που χρειάζεστε για τα επόμενα στάδια του πνευματικού σας ταξιδιού. Το να καταγράφετε αυτά που μάθατε για τον εαυτό σας, τα συναισθήματά σας και τις επιλογές σας είναι σημαντικό γιατί θα σας βοηθήσει να επανεξετάσετε τις αξίες και τις προτεραιότητές σας, αυτό που νομίζατε ότι καταλαβαίνατε πριν και πώς το βλέπετε τώρα.

Παρακολουθώντας τις σκέψεις και τις εμπειρίες σας, θα είστε επίσης σε θέση να βλέπετε μοτίβα στη ζωή σας και να παίρνετε καλύτερες αποφάσεις που ευθυγραμμίζονται με την εσωτερική σας αλήθεια. Είναι σημαντικό να θυμάστε ότι, όπως ακριβώς ένα ποτάμι δεν θα σας φέρει περισσότερη γαλήνη και χαλάρωση από ένα άλλο, ο συγγραφέας ενός βιβλίου δεν είναι τόσο σημαντικός όσο το μήνυμα που μεταφέρει. Η σοφία που αναζητάτε μπορεί να προέλθει από οποιονδήποτε, ανεξάρτητα από το υπόβαθρο ή τις πεποιθήσεις του, και είναι φυσιολογικό να νιώθετε μεγαλύτερη έλξη για έναν συγγραφέα σε ένα σημείο της ζωής σας και για έναν άλλο σε ένα άλλο. Σε γενικές γραμμές, η ανάγνωση βιβλίων μπορεί να σας βοηθήσει να μάθετε περισσότερα για τον εαυτό σας και τον κόσμο γύρω σας.Η εύρεση της εσωτερικής σας αλήθειας είναι ένα ταξίδι που απαιτεί υπομονή, διαφάνεια και προθυμία να μάθετε με κάθε είδους τρόπους. Αλλά ο δρόμος προς την εσωτερική σοφία είναι ουσιαστικά στρωμένος με τα βιβλία και τη φύση. Μέσω της βιβλιομανίας και της ενατένισης της φύσης, μπορείτε να αποκτήσετε πρόσβαση στην εσωτερική σας σοφία και να κάνετε επιλογές που ευθυγραμμίζονται με τον αληθινό σας εαυτό. Απλά θυμηθείτε να κρατάτε σημειώσεις στην πορεία και να εμπιστεύεστε το ταξίδι! Θα αρχίσετε να κατανοείτε τον σκοπό σας και να βρίσκετε τη θέση σας στον κόσμο, η οποία μπορεί να περιλαμβάνει το να πάτε σε μέρη που δεν είχατε φανταστεί ποτέ ή να κάνετε νέα πράγματα που δεν πιστεύατε ποτέ ότι θα μπορούσατε να κάνετε.

Κεφάλαιο 6: Ξετυλίγοντας τα μυστήρια της ζωής

Ως συγγραφέας, έχω περάσει χρόνια μελετώντας και ερευνώντας τις συνδέσεις μεταξύ των προσωπικών μας τραυμάτων και των εμπειριών που έχουμε σε όλη μας τη ζωή. Πρόκειται για ένα πολύπλοκο και διαφοροποιημένο θέμα και συχνά δυσκολεύομαι να το εξηγήσω με απλούς όρους. Ένα πράγμα όμως που θέλω να ξεκαθαρίσω είναι ότι δεν φταίτε εσείς για τα τραύματά σας. Αποτελούν μέρος του παρελθόντος σας και έχουν διαμορφώσει αυτό που είστε σήμερα. Δεν σας ελέγχουν, εκτός αν τους το επιτρέψετε συνειδητά.

Πολλές από τις εμπειρίες σας εξαρτώνται από μια ποικιλία επιλογών, μερικές από τις οποίες είναι πέρα από τον έλεγχό σας. Αυτό που μπορείτε να ελέγξετε είναι το πώς τις βλέπετε. Αλλάζοντας την προοπτική και τη νοοτροπία σας, μπορείτε να αλλάξετε τον τρόπο με τον οποίο αλληλεπιδράτε με τον κόσμο γύρω σας.

Το τραύμα δεν είναι ο μόνος παράγοντας που καθορίζει τις εμπειρίες σας. Το περιβάλλον σας, οι επιλογές του παρελθόντος και οι φόβοι σας παίζουν επίσης ρόλο. Στο χέρι σας είναι να πάρετε τον έλεγχο όσων μπορείτε να ελέγξετε και να αφήσετε πίσω σας όσα δεν μπορείτε.

Για παράδειγμα, οι μαθητές μου στις πολεμικές τέχνες με ρωτούσαν πάντα ποιες είναι οι καλύτερες τεχνικές αυτοάμυνας και τους έλεγα ότι η καλύτερη τεχνική είναι απλώς να μην βρίσκεστε στο ίδιο μέρος με αυτούς που θέλουν να σας βλάψουν. Αυτό μπορεί να ακούγεται απλό, αλλά είναι αποτελεσματικό. Δεν χρειάζεστε λύση σε ένα πρόβλημα που δεν υπάρχει.

Αυτό με φέρνει σε μια άλλη πτυχή που συχνά παραμελούμε, η οποία είναι η ανάγκη για αυτοαποδοχή ή αυτοαγάπη. Δεν θα δείτε ποτέ προβλήματα αν η αυτοεκτίμησή σας είναι μεγαλύτερη από τα προβλήματα που αντιμετωπίζετε. Είστε σε θέση να αγνοήσετε ευκολότερα αυτά που λένε ή σκέφτονται οι άλλοι όταν ξέρετε ότι αυτό δεν είναι η πραγματικότητά σας.

Δεν είναι κάτι που αποφασίζετε, είναι κάτι που βιώνετε ως γεγονός. Για παράδειγμα, οι άνθρωποι με προσβάλλουν συνεχώς λέγοντας ότι δεν πιστεύουν ότι μπορώ να γράψω τόσα πολλά βιβλία, αλλά αυτό δεν εξαφανίζει την πραγματικότητα. Δεν χάνω την ικανότητα να γράφω περισσότερα και γρηγορότερα, και τα βιβλία που έχω ήδη εκδώσει δεν εξαφανίζονται.

Μια άλλη συνηθισμένη προσβολή που μου εκτοξεύουν οι άνθρωποι είναι να με αποκαλούν τρελό, και αυτό είναι εντάξει, γιατί μπορώ να τους κοιτάξω και να δω τα ψυχικά τους προβλήματα, και δεν έχουν ιδέα πόσες μελέτες έχω κάνει στον τομέα της ψυχικής υγείας, ή ότι έχω σπουδάσει και δουλέψει με φοιτητές ψυχολογίας, ή ακόμη και ότι έχω εργαστεί ως μάντης και ως οδηγός για άλλους μάντεις. Οι άνθρωποι δεν γνωρίζουν απολύτως τίποτα για μένα και, όταν οι προσβολές τους πηγαίνουν προς την αντίθετη κατεύθυνση, δεν μπορώ παρά να τους κοιτάζω και να αναρωτιέμαι γιατί είναι τόσο ηλίθιοι, αλλά δεν μπορώ να προσβληθώ, ακόμα κι αν προσπαθήσω.

Φυσικά, δεν είναι τόσο εύκολο να νιώθεις ανοσία στην άγνοια των άλλων αν δεν έχεις αυτοαγάπη, και δεν μπορείς να αγαπάς τον εαυτό σου χωρίς λόγο. Πρέπει να κάνετε πράγματα που συνεπάγονται αυτή την αυτοαγάπη, και αυτό μπορεί να σας οδηγήσει σε πολλές κατευθύνσεις, αλλά ουσιαστικά θα σας βοηθήσει να γνωρίσετε καλύτερα τον εαυτό σας.

Για παράδειγμα, άρχισα να διαβάζω εγκυκλοπαίδειες για την ψυχιατρική επειδή οι γονείς μου με αποκαλούσαν τρελή. Δεν άργησα να συνειδητοποιήσω ότι εκείνοι ήταν που ήταν ψυχικά άρρωστοι. Αλλά η ανάγκη να λύσω προβλήματα που δεν είχα, στην πραγματικότητα με έκανε πιο περίεργη για το αντίθετο, δηλαδή την ανάγκη των άλλων να μου λένε ότι τα είχα και να κάνουν τους άλλους ανθρώπους να πιστεύουν ότι τα είχα. Αυτό με οδήγησε σε ένα άλλο ταξίδι, σχετικά με το τι κάνει τους ανθρώπους κακούς.

Είναι πολύ δύσκολο να εξηγήσεις το κακό, ειδικά σε ανθρώπους που το έχουν μάθει από ταινίες. Αλλά το κακό είναι παντού και παίρνει μια πολύ συγκεκριμένη μορφή, συχνά με σκοπό να μας ακυρώσει.

Για παράδειγμα, ένα άτομο που προορίζεται να γίνει σπουδαίος συγγραφέας σίγουρα θα ακυρωθεί αν το αποκαλέσουν ηλίθιο και τρελό πάρα πολλές φορές. Κάποιος που προορίζεται να γίνει πολιτικός μπορεί να υποστεί λεκτικό εκφοβισμό. Ένας μελλοντικός πρωταθλητής της πυγμαχίας μπορεί να υποστεί πολύ σωματικό εκφοβισμό στη ζωή του.

Λέγεται συχνά ότι οι εμπειρίες μας διαμορφώνουν το μέλλον μας, αλλά θα τολμούσα να πω ότι οι εμπειρίες μας συχνά είναι σχεδιασμένες για να μας εμποδίζουν να έχουμε το μέλλον που θα έπρεπε να έχουμε. Γιατί αλλιώς τόσες πολλές φωτεινές ψυχές θα αυτοκτονούσαν ή απλώς θα τα παράταγαν;

Επιπλέον, η κοινωνία στο σύνολό της συχνά διαιωνίζει αυτές τις καταχρήσεις υιοθετώντας δόγματα που είναι παραπλανητικά και αυτοκαταστροφικά, ένα από τα οποία είναι το «Πρέπει να αγαπάς τον εαυτό σου όπως είναι!».

Αν αυτό ήταν αλήθεια, δεν θα χρειαζόταν να κάνετε ντους, να φροντίζετε την υγεία σας ή να βρείτε δουλειά. Δεν αγαπάτε τον εαυτό σας όπως είναι, αγαπάτε τον εαυτό σας όπως θέλετε να γίνετε - την υψηλότερη φιλοδοξία σας. Είναι η αγάπη για τον μελλοντικό σου εαυτό, εκεί που πηγαίνεις, που τροφοδοτεί την ψυχή σου με δύναμη, και γίνεσαι πιο δυνατός σε αυτό το δυναμικό καθώς αλλάζεις στην πορεία.

Όσο περισσότερο το κάνεις αυτό, τόσο περισσότερο οι ανασφάλειες των άλλων έρχονται στην επιφάνεια, γι' αυτό και πολλοί, ειδικά όσοι έχουν αποτύχει στη δική τους ζωή, θα προσπαθήσουν να σε εμποδίσουν να πετύχεις περισσότερα, συμπεριλαμβανομένης της ίδιας σου της οικογένειας.

Αν αισθάνεστε χαμένοι ή αβέβαιοι για την πορεία σας στη ζωή, να ξέρετε ότι δεν είστε μόνοι, αλλά μην αφήνετε τις απόψεις ή τις πράξεις των άλλων να σας σταματήσουν στην πορεία σας, γιατί κανείς δεν σας γνωρίζει καλύτερα από ό,τι εσείς γνωρίζετε τον εαυτό σας! Αν μείνετε πιστοί στον εαυτό σας και έχετε ανοιχτό μυαλό για το πόσο μπορείτε να αλλάξετε και να προσαρμοστείτε, δεν υπάρχει όριο σε αυτό που μπορείτε να πετύχετε.

Κεφάλαιο 7: Τα όρια της γνώσης

Με την πάροδο των χρόνων, συνειδητοποίησα ότι πολλοί άνθρωποι δεν κατανοούν τις διδασκαλίες των αρχαίων φιλοσόφων. Αυτό δεν αποτελεί έκπληξη αν αναλογιστεί κανείς ότι ακόμη και οι μεταφράσεις είναι λανθασμένες. Αν αυτό συμβαίνει σήμερα, με όλους τους σύγχρονους πόρους που έχουμε στη διάθεσή μας, φανταστείτε πόσο πιο εύκολο θα ήταν να γίνουν λάθη στο παρελθόν, με λιγότερους πόρους, πιο αργούς ρυθμούς ζωής και ελάχιστα περιθώρια επαλήθευσης.

Για παράδειγμα, ο Σωκράτης πιστεύεται ότι κάποτε διακήρυξε: «Γνωρίζω ότι δεν γνωρίζω τίποτα», αλλά αυτή η δήλωση συχνά παρερμηνεύεται. Οι άνθρωποι νομίζουν ότι σημαίνει ότι ομολόγησε ότι ήταν αδαής ή τρελός, αλλά αυτό δεν θα μπορούσε να απέχει περισσότερο από την αλήθεια. Ο Σωκράτης είχε επίγνωση των περιορισμών του και δεν προσποιούνταν ότι γνώριζε αυτά που δεν γνώριζε. Αυτό που είπε στην πραγματικότητα ήταν: «Ξέρω αυτό που δεν ξέρω!»

Αυτή η διαφορά είναι σημαντική γιατί όταν ξέρεις τι δεν ξέρεις, ξέρεις τι ξέρεις και τι πρέπει να μάθεις· όταν ισχυρίζεσαι ότι δεν ξέρεις τίποτα, ακυρώνεις τον εαυτό σου και ουσιαστικά λες ότι δεν είσαι σίγουρος για τίποτα.

Αυτό δεν έχει καμία σχέση με την ευφυΐα και έχει να κάνει με την ηλιθιότητα. Ωστόσο, πολλοί καθηγητές πανεπιστημίου το διδάσκουν αυτό στις αίθουσές τους, σαν να τους κάνει η λανθασμένη μετάφραση να φαίνονται σοφότεροι. Στην πραγματικότητα, δεν συνειδητοποιούν πόσο αδαείς είναι, και το ίδιο ισχύει για όποιον χρησιμοποιεί αυτή και πολλές άλλες λανθασμένες μεταφράσεις και νομίζει ότι χρησιμοποιεί τη σωστή δήλωση του συγγραφέα.

Ανακάλυψα ότι είναι πολύ συνηθισμένο για τους ανθρώπους να μεταφράζουν λάθος και ακόμη και να παρερμηνεύουν τα βιβλία που διαβάζουν, και τους είναι πραγματικά δύσκολο να παραδεχτούν ότι έκαναν λάθος για πολλά χρόνια, ακόμη και δεκαετίες. Η αλήθεια είναι ότι όσο περισσότερη διάκριση αναπτύσσετε, τόσο περισσότερο συνειδητοποιείτε πόσο λάθος είναι ο κόσμος.

Είναι ενδιαφέρον να σημειωθεί ότι στη δική μου περίπτωση, παρά την τεράστια εμπειρία μου στον τομέα των μαθησιακών δυσκολιών, οι άνθρωποι μου λένε ότι εγώ είμαι αυτός που κάνει λάθος, ότι εγώ είμαι αυτός που δεν καταλαβαίνει. Δεν μπορείς να γίνεις πιο αλαζόνας από αυτό! Αλλά αυτή είναι η ανθρώπινη κατάσταση.

Η συντριπτική πλειοψηφία αρνείται να διορθώσει τα δικά της λάθη και αντ' αυτού τα μοιράζεται και τα διαιωνίζει, ακυρώνοντας έτσι πολλά από αυτά που οι συγγραφείς των πληροφοριών σκόπευαν. Στο τέλος, έχετε μεγάλες ομάδες ανθρώπων που ισχυρίζονται ότι κάνουν ένα πράγμα και πηγαίνουν προς την αντίθετη κατεύθυνση. Γιατί αν ο Σωκράτης ήξερε τι έπρεπε να μάθει, οι άνθρωποι που τον μεταφράζουν λάθος δεν έχουν ιδέα τι είναι αλήθεια και τι ψέμα και μάλιστα ισχυρίζονται ότι δεν ξέρουν τίποτα, πράγμα που είναι το ίδιο με το να λένε ότι η γνώση είναι άχρηστη γι' αυτούς. Έτσι, παρόλο που ισχυρίζονται ότι συμφωνούν με τον Σωκράτη, κάνουν το αντίθετο από αυτό που είπε, δηλαδή να ξέρουν τι πρέπει να μάθουν. Τούτου λεχθέντος, πόσο πιστεύετε ότι οι παγκόσμιες θρησκείες έχουν απομακρυνθεί από τις αρχικές τους προθέσεις;

Οι άνθρωποι συγχέουν την εξουσία με την αλήθεια και πιστεύουν ότι η εξουσία μιας εκκλησίας προέρχεται από το ποιος έχει τον έλεγχο και όχι από το τι λένε οι αρχικές γραφές. Αγνοούν ακόμη και τα πρωτότυπα κείμενα προς όφελος των μεταφράσεων. Όταν οι Χριστιανοί λένε ότι η Βίβλος του Βασιλιά Ιακώβου είναι η καλύτερη και ότι τα γνωστικά γραπτά είναι δαιμονικά, ουσιαστικά λένε ότι ακολουθούν τους μεταφραστές και όχι Εκείνον που ίδρυσε τον Χριστιανισμό. Με άλλα λόγια, ακολουθούν τον βασιλιά Τζέιμς Α΄ της Αγγλίας, όχι τους πρώτους Χριστιανούς ή ακόμη και τον ίδιο τον Χριστό.

Έχουμε έναν τεράστιο όγκο πληροφοριών που έχουν περάσει από γενιά σε γενιά χωρίς σωστή έρευνα ή επαλήθευση. Η αλήθεια έχει χαθεί στη μετάφραση και οι άνθρωποι φοβούνται να ψάξουν για τα γεγονότα. Αυτό τους κάνει να προσκολλώνται σε πεποιθήσεις που έχουν τις ρίζες τους στο λάθος.

Στην Ελλάδα, για παράδειγμα, πολλοί εξακολουθούν να προσκολλώνται σε παραδόσεις και πεποιθήσεις που μπορεί να είναι θεμελιωδώς λανθασμένες. Οι άνθρωποι είναι τόσο προσκολλημένοι στις ρίζες τους που αρνούνται να αφήσουν να φύγουν από αβάσιμους ισχυρισμούς στο όνομα της παράδοσης.

Είναι δύσκολο να παραδεχτούμε ότι κάτι που πιστεύουμε για τόσο καιρό μπορεί να είναι λάθος. Ωστόσο, αποδεχόμενοι αυτή τη διαπίστωση και κατανοώντας τους περιορισμούς μας, μπορούμε να φτάσουμε σε μια καλύτερη κατανόηση του κόσμου. Πρέπει να θυμόμαστε ότι η γνώση ότι δεν γνωρίζουμε τα πάντα και ότι αυτά που γνωρίζουμε μπορεί να είναι λάθος είναι θεμελιώδης για την απόκτηση περισσότερης γνώσης. Αυτό μας επιτρέπει να αμφισβητούμε αυτά που μας έχουν διδάξει, να αναζητούμε την αλήθεια και να προχωράμε μπροστά με μια σαφέστερη κατανόηση του κόσμου γύρω μας.

Αυτή η σαφέστερη κατανόηση θα απαντήσει και σε άλλα ερωτήματα, σαν να είναι όλα συνδεδεμένα σε έναν μεγάλο ιστό, γιατί, στην πραγματικότητα, συνδέονται. Οι λόγοι που οδήγησαν τους ανθρώπους στην προδοσία πριν από χιλιάδες χρόνια είναι οι ίδιοι λόγοι που οδηγούν πολλούς στην προδοσία και σήμερα. Οι πεποιθήσεις του παρελθόντος είχαν τις ρίζες τους στις ίδιες ανάγκες που έχουν οι άνθρωποι σήμερα, γι' αυτό και προσκολλώνται στις ίδιες ή παρόμοιες πεποιθήσεις. Και αυτά που παρακινούσαν ή εμπόδιζαν την πρόοδο στο παρελθόν ήταν ουσιαστικά τα ίδια κίνητρα με τα σημερινά. Επομένως, πρέπει να αναζητούμε ενεργά τη γνώση που μας λείπει και να προσπαθούμε να διευρύνουμε την κατανόησή μας πέρα από τις αντιλήψεις μας και τις αντιλήψεις των άλλων, σαν να σκάβουμε για θησαυρό στο μυαλό μας.

Κεφάλαιο 8: Αγκαλιάζοντας την αυτογνωσία

Είναι σαφές ότι τόσο η φιλοσοφία όσο και η θρησκεία έχουν επηρεάσει τη ζωή μας με αμέτρητους τρόπους. Είναι άρρηκτα συνδεδεμένες και μαζί έχουν διαμορφώσει αυτό που είμαστε ως κοινωνία, οπότε το να αμφισβητούμε τα θεμέλια του κόσμου μας σημαίνει ότι αμφισβητούμε την ίδια μας την ταυτότητα ως είδος. Είναι τρομακτικό, αλλά πολύ ικανοποιητικό.

Μπορεί στην αρχή να νιώσετε χαμένοι, ακόμη και απομονωμένοι από τους άλλους, αλλά μέσα σας θα νιώσετε ευλογημένοι, σαν να βρίσκεστε σε κοινωνία με τον Δημιουργό. Είναι το ίδιο συναίσθημα που νιώθουν πολλοί άνθρωποι όταν διαβάζουν τα βιβλία μου, ακόμη και αν δεν τα βλέπουν ως εκπροσώπους μιας θρησκείας, ή ακόμη και αν τα βιβλία έρχονται σε αντίθεση με τα περισσότερα από όσα έχουν μάθει. Αυτό τους εξυψώνει πάνω από τις αισθήσεις των άλλων και τους επιτρέπει να δουν τον κόσμο όπως είναι, όχι όπως τους έχουν πει να τον δουν.

Όπως προσπάθησε να μας πει ο Σωκράτης, όταν αναγνωρίζουμε τη σημασία της αναγνώρισης των περιορισμών μας, ξεκινάμε το ταξίδι μας προς την αυτοκυριαρχία. Ωστόσο, οι περισσότεροι άνθρωποι δεν είναι σε θέση να υπερβούν τις πιο βασικές τους ανάγκες, γι' αυτό και δεν κατανοούν την αλήθεια. Η ανάγκη τους για αλήθεια είναι στην πραγματικότητα μια ανάγκη για περισσότερη έγκριση και θαυμασμό από τους άλλους. Αυτό παρατηρείται εύκολα στον τρόπο με τον οποίο οι άνθρωποι αλληλεπιδρούν μεταξύ τους και στους τύπους των ερωτήσεων που κάνουν.

Ως ταξιδιώτης, έχω εξερευνήσει πολλές χώρες της Ευρώπης και ανακάλυψα κάποια μέρη για τα οποία σπάνια γίνεται λόγος, όπως η Αλβανία και η Σερβία. Διαπίστωσα επίσης ότι υπάρχει μια πολύ πιο ευχάριστη ατμόσφαιρα έξω από τις μεγάλες πόλεις, όπου οι άνθρωποι είναι πιο φιλικοί και φιλόξενοι. Ωστόσο, παρατήρησα επίσης ότι οι άνθρωποι τείνουν να βασίζουν τη γνώμη τους για έναν τόπο στο φαγητό που τρώνε. Όμως, ενώ το φαγητό είναι σίγουρα ένα από τα κορυφαία σημεία των ταξιδιών, δεν θα πρέπει να είναι ο μοναδικός παράγοντας που καθορίζει την εμπειρία σας από μια χώρα. Ο τρόπος με τον οποίο μου συμπεριφέρονται οι άνθρωποι έχει σίγουρα διαμορφώσει πολύ περισσότερο τον τρόπο με τον οποίο κρίνω μια χώρα και τον πολιτισμό της.

Οι περισσότεροι άνθρωποι βιώνουν μόνο φευγαλέες στιγμές χαράς όταν ταξιδεύουν, αλλά συχνά αναλωνόμαστε τόσο πολύ στις παραδόσεις και τις προσδοκίες της εποχής που ξεχνάμε αυτό που πραγματικά έχει σημασία: τους ανθρώπους που αγαπάμε.

Πρέπει να αφήσουμε την ιδέα ότι υπάρχει μόνο ένας τρόπος να γιορτάζουμε ή να απολαμβάνουμε ορισμένες εποχές και να επικεντρωθούμε στα πράγματα που πραγματικά εκτιμούμε στη ζωή. Για παράδειγμα, αν σε κάποιον δεν αρέσουν τα χριστουγεννιάτικα δέντρα ή τα δώρα, δεν πειράζει. Μπορούμε να βρούμε άλλους τρόπους να βρεθούμε μαζί και να μοιραστούμε την αγάπη και την εκτίμησή μας ο ένας για τον άλλον. Αντ' αυτού, ίσως μπορούμε να διακοσμήσουμε ένα λουλούδι ή απλώς να απολαύσουμε ο ένας την παρέα του άλλου σε ένα γεύμα. Το σημαντικό είναι να είμαστε εκεί ο ένας για τον άλλον.

Είναι επίσης σημαντικό να συνειδητοποιήσουμε ότι η καλοσύνη και η αγάπη δεν χρειάζονται μια συγκεκριμένη ημερομηνία για να γιορταστούν. Μπορούμε να δείχνουμε αγάπη και εκτίμηση για τους φίλους και την οικογένειά μας κάθε μέρα του χρόνου, και είναι επίσης σημαντικό να μην ξεχνάμε εκείνους που χρειάζονται την παρέα μας επειδή έχουμε τη δική μας.

Πάντα προσκαλούσα φίλους να με συνοδεύσουν σε διάφορα ταξίδια. Ήταν δική τους απόφαση να αρνηθούν. Και οι άνθρωποι συχνά αρνούνται τις πιο απλές μορφές εκπλήρωσης επειδή έχουν υπερβολικές προσδοκίες.

Υπάρχουν περίπου 200 νησιά στην Ελλάδα και αν περίμενα να τα επισκεφτώ όλα, μάλλον δεν θα έβλεπα κανένα νόημα να μετακομίσω στην Ελλάδα. Αλλά δεν υπάρχει λόγος να αναβάλλουμε τις εμπειρίες μας επειδή δεν παίρνουμε όλα όσα θέλουμε. Στην πραγματικότητα, είναι παιδαριώδες να θέλουμε αυτό που έχουν οι άλλοι, όταν μπορούμε να το έχουμε αλλού. Όλοι θέλουν να πάνε στα ίδια μέρη, να βγάλουν τις ίδιες φωτογραφίες που έχουν βγάλει οι άλλοι, να δοκιμάσουν το ίδιο φαγητό, και για ποιο λόγο; Για να ικανοποιήσουν τον φθόνο τους;

Αυτή η ανταγωνιστικότητα μπορεί να είναι καλή για τον τουρισμό, αλλά δεν είναι καλή για την ψυχική σας υγεία. Έχω βρει πολλά όμορφα μέρη στον κόσμο που κανείς δεν ξέρει ότι υπάρχουν. Σε ορισμένες περιπτώσεις, οι άνθρωποι του κόσμου τα βρήκαν πολλά χρόνια αργότερα, και σε άλλες, δεν τα βρήκαν ποτέ. Αλλά υπάρχουν πολλά άλλα μέρη που περιμένουν να τα ανακαλύψετε. Αυτά που ανακαλύπτουν οι άνθρωποι ή που ήδη γνωρίζουν είναι ένα πολύ μικρό φάσμα ενός απίστευτα όμορφου πλανήτη.

Κεφάλαιο 9: Συναισθηματική αεροπειρατεία

Κάθε όμορφο μέρος που επισκέπτεστε θα μετατραπεί σε κόλαση αν τα συναισθήματά σας καταληφθούν από μια καταπιεστική κουλτούρα. Για παράδειγμα, δεν είχα ποτέ την πρόθεση να μείνω στη Λιθουανία για τόσο μεγάλο χρονικό διάστημα. Στην αρχή, ήμουν απλώς περαστικός, αλλά μετά γνώρισα μια κοπέλα και όλα άλλαξαν. Είχαμε μια αναμφισβήτητη σύνδεση και έπιασα τον εαυτό μου να θέλει να περνάει περισσότερο χρόνο μαζί της. Σύντομα ζούσα μαζί της και με τους φίλους της στο Βίλνιους. Όσο περνούσε όμως ο καιρός, άρχισα να βλέπω πράγματα που δεν μου άρεσαν. Οι φίλοι της έπιναν συνέχεια, κάπνιζαν ναρκωτικά και απατούσαν ο ένας τον άλλον. Προσπάθησα να μιλήσω στους φίλους μου γι' αυτό, αλλά εκείνοι απλώς το αγνοούσαν και έλεγαν ότι αυτό ήταν φυσιολογικό οπουδήποτε. Στο μυαλό μου, όμως, ένιωθα ότι έφερνα πολιτιστικά σκουπίδια στο κρεβάτι μου. Σύντομα συνειδητοποίησα ότι δεν μπορούσα να διαφωνήσω με μια γυναίκα για πράγματα που έβλεπε να κάνουν όλοι. Δεν ήμουν εναντίον ενός ατόμου, αλλά εναντίον μιας ολόκληρης κουλτούρας. Δεν μπορούσα να αλλάξω τη στάση μιας ολόκληρης χώρας απέναντι στο ποτό, την ασυδοσία και τα ναρκωτικά. Ήταν βαθιά ριζωμένη στην κοινωνία τους, και εγώ ήμουν απλώς ένας παρείσακτος. Αλλά δεν ήταν μόνο το ποτό και τα ναρκωτικά που με ενοχλούσαν. Δυσκολευόμουν να συνδεθώ με τους ανθρώπους στη Λιθουανία. Ήταν στενόμυαλοι, ρατσιστές, κοντόφθαλμοι, πολύ αδαείς και δεν έδειχναν να ενδιαφέρονται να με γνωρίσουν. Στην πραγματικότητα, κάποιοι προσπάθησαν ακόμη και να μας χωρίσουν, συκοφαντώντας τη φήμη μου με ψέματα πίσω από την πλάτη μου. Μια μέρα ξύπνησα και συνειδητοποίησα ότι ζούσα σε ένα τσίρκο. Ήμουν ο κλόουν και ήταν πολύ δύσκολο να αλλάξω τα πράγματα. Συνειδητοποίησα ότι δεν ήταν πλέον σχέση και ήταν δύσκολο να το αποδεχτώ. Είχα επενδύσει τόσο πολύ χρόνο και ενέργεια στη σχέση, αλλά δεν μπορούσα να πολεμήσω όλους τους άλλους. Η μακρά παραμονή στη Λιθουανία μου έδωσε χρόνο να γνωρίσω την κουλτούρα και τους ανθρώπους. Ανακάλυψα τη ρίζα πολλών προβλημάτων στη Λιθουανία: τη ζήλια, την απληστία και την ηλιθιότητα. Έμαθα πολλά για την ιστορία της περιοχής, τους λόγους των πολέμων και γιατί οι άνθρωποι αυτοκτονούν. Ανακάλυψα επίσης ότι οι άνθρωποι γενικά είναι εξαιρετικά εγωιστές και ελέγχονται από τα συναισθήματά τους και την κουλτούρα τους. Αυτό τους δυσκολεύει να σκεφτούν αποτελεσματικά ως υγιείς άνθρωποι.

Τα περισσότερα προβλήματα και οι πόλεμοι προκαλούνται από τη βλακεία, τον φθόνο και την απληστία. Ανακάλυψα όμως και μια άλλη πλευρά της Ευρώπης. Μου έδειξαν μια άλλη πλευρά του ίδιου νομίσματος. Συνειδητοποίησα ότι οι περισσότεροι άνθρωποι ήθελαν να είναι μαζί μου γι' αυτό που μπορούσαν να πάρουν από μένα, όχι γι' αυτό που πραγματικά ήμουν. Αυτό δεν ήταν κάτι καινούργιο γιατί, σε όλη την Ευρώπη, οι περισσότεροι άνθρωποι συναναστρέφονται μόνο από ιδιοτελή συμφέροντα και όχι από γνήσιο ενδιαφέρον να γνωρίσουν ένα άλλο άτομο, όπως συνέβαινε στη Μαλαισία, τις Φιλιππίνες ή την Κίνα.

Εμπλεκόμενοι στην ιδέα της νοοτροπίας του αποικιοκράτη της αντιγραφής και της κλοπής πνευματικών πόρων, οι περισσότεροι άνθρωποι στην Ευρώπη πίστευαν ότι θα μπορούσα να τους πουλήσω συντομεύσεις για τις πολλές ώρες σκληρής δουλειάς μου, αλλά η πώληση βιβλίων δεν ήταν συντομεύσεις, ήταν σκληρή δουλειά. Με άλλα λόγια, η νοοτροπία του αποικιοκράτη εξακολουθεί να υπάρχει στους Ευρωπαίους με αυτή την ιδέα ότι υπάρχουν συντομότερες διαδρομές για τον πλούτο με το να κλέβεις από τους άλλους. Οι κουλτούρες επηρεάζουν τη συμπεριφορά σε όλη τη διάρκεια της ιστορίας, και αυτό μου φάνηκε όταν εξερεύνησα τη Λιθουανία και πολλές άλλες ευρωπαϊκές χώρες. Είδα ανθρώπους να προσπαθούν να βρουν τρόπους να εξαπατήσουν τους άλλους και να πάρουν συντομεύσεις.

Οι Ευρωπαίοι έχουν εμμονή με αυτό σε ανθυγιεινό βαθμό. Αλλά οι Ευρωπαίοι είναι επίσης τεμπέληδες και, όπως και οι Αμερικανοί, απασχολούνται με οικονομικά ζητήματα όπως ο πληθωρισμός και η ανεργία. Συνειδητοποίησα ότι, καθώς ο κόσμος γινόταν πιο ισότιμος, οι Αμερικανοί και οι Ευρωπαίοι έχαναν το πλεονέκτημά τους - έκλεβαν φτηνούς πόρους από τους άλλους. Δεν είναι να απορεί κανείς που ο κόσμος έχει τόσους πολλούς πολέμους! Θα ήταν καταστροφή αν η κομμουνιστική Κίνα κυβερνούσε τον κόσμο, αλλά όσο περισσότερο καταλαβαίνω τον κόσμο, τόσο πιο περίπλοκο γίνεται να μιλήσω γι' αυτόν ή να κάνω σωστές κρίσεις και συμπεράσματα με τα οποία οι άλλοι μπορούν να συμφωνήσουν. Οι περισσότεροι άνθρωποι λένε ότι θέλουν την αλήθεια, αλλά δεν είναι έτοιμοι για αυτήν! Αυτή η αλήθεια συνήθως σημαίνει ότι πρέπει να αντιμετωπίσουν τα προβλήματα της δικής τους κουλτούρας, πράγμα που τους κάνει να αμφισβητούν την ταυτότητά τους - το νιώθουν σαν επίθεση στο εγώ τους, γι' αυτό και οι άνθρωποι συχνά προσβάλλονται όταν ασκείς κριτική στην κουλτούρα τους, όσο αρνητική και ανθυγιεινή κι αν είναι.

Κεφάλαιο 10: Η πολυπλοκότητα της πραγματικότητας

Οι περισσότεροι άνθρωποι τείνουν να είναι απρόθυμοι να δεχτούν τις αλλαγές που επιφέρουν εκείνοι που είναι αρκετά μορφωμένοι για να τις προτείνουν. Το ερώτημα λοιπόν είναι: αν υπάρχουν και υπήρχαν πάντα και υπάρχουν πολλές θρησκείες και θρησκευτικές αξίες παντού, γιατί ο Θεός στέλνει συνεχώς αγγελιοφόρους στη Γη;

Η απάντηση μου φαίνεται προφανής! Αυτοί οι αγγελιοφόροι στέλνονται στη Γη για να βοηθήσουν τους άλλους να εξελιχθούν μέσω της παρουσίας, της δόνησης, της συνείδησης και των πράξεών τους. Αλλά δεν είναι πάντα τόσο απλό. Πολλοί από αυτούς τους αγγελιοφόρους πάσχουν από αμνησία, η οποία περιορίζει τη γνώση του εαυτού τους, ενώ άλλοι αυτοκτονούν εξαιτίας του συντριπτικού πόνου που υφίστανται. Κάποιοι μάλιστα ζουν αόρατες ζωές, χωρίς ποτέ να γνωρίζουν ποιοι είναι.

Η φύση της πραγματικότητας είναι να εξελίσσεται, και το κακό πάντα νικιέται, επειδή δεν υπάρχει άλλος τρόπος για την εξέλιξη παρά μόνο μέσα από το σκοτάδι, αλλά τα πιο λαμπερά φώτα συχνά αγνοούνται από εκείνους που είναι βυθισμένοι σε αυτό το σκοτάδι. Ωστόσο, είναι σημαντικό να σημειωθεί ότι η εξέλιξη συμβαίνει σε πολλά επίπεδα, όχι μόνο με αυτά τα άτομα. Κάθε ζωντανό ον μπορεί να επηρεάσει την εξέλιξη μέσω μιας άμεσης σχέσης με τον Θεό. Αλλά το ερώτημα παραμένει: γιατί χρειαζόμαστε αγγελιοφόρους; Γιατί δεν μπορούμε να συνδεθούμε με τον Θεό από μόνοι μας; Η αλήθεια είναι ότι πολλοί άνθρωποι προσεύχονται στον Θεό για απαντήσεις, ακόμη και αν δεν είναι αρκετά εξελιγμένοι ώστε να δουν τις απαντήσεις. Είναι σαν να προσπαθούμε να κατανοήσουμε ένα περίπλοκο μαθηματικό πρόβλημα χωρίς τις κατάλληλες γνώσεις και τα εργαλεία για να το λύσουμε. Μπορούμε πάντα να ζητάμε απαντήσεις, αλλά αν δεν τις καταλαβαίνουμε, δεν θα μας βοηθήσουν και πολύ. Γι' αυτό χρειαζόμαστε αγγελιοφόρους που μας οδηγούν πέρα από αυτό που είναι διαθέσιμο αυτή τη στιγμή.

Τα συναισθήματα σχετίζονται επίσης με τις δονήσεις μας. Όταν δονείται μια χαμηλή ενέργεια φόβου, επηρεάζει τα συναισθήματά μας, με αποτέλεσμα να προκαλούμε θλίψη ή θυμό, και είναι δύσκολο να σπάσει αυτός ο κύκλος, επειδή είναι ευκολότερο να ελέγχεις και να επηρεάζεις τα άτομα μέσω των χαμηλών δονήσεων, οι περισσότερες από τις οποίες κυριαρχούν σε ένα ευρύ φάσμα της κοινωνίας. Η αλήθεια τότε κρύβεται πίσω από πολιτιστικές αξίες που είναι στην πραγματικότητα χαμηλές στη φύση τους, και δεν μπορούμε να τη δούμε επειδή είναι κρυμμένη από τα μάτια μας.

Είναι μια απόρριψη του ίδιου του κόσμου που μας παρουσιάζεται ως η μόνη ευκαιρία σωτηρίας - είναι ο θάνατος της ίδιας μας της ταυτότητας, αφού διαμορφώνουμε αυτή την ταυτότητα μέσω αυτού που γίνεται πραγματικό για εμάς - των αλληλεπιδράσεών μας με τον φυσικό κόσμο και εκείνους που τον αντιπροσωπεύουν μέσω της κουλτούρας ή των πολιτισμών με τους οποίους αλληλεπιδρούμε. Αργά ή γρήγορα, όταν πεθάνουμε, όλα όσα συνδέονται με το σώμα διαλύονται μέσω του νου και μας μένει μόνο η συνείδηση.

Οι αναμνήσεις όλων των ζωών μας παραμένουν και εκδηλώνονται μέσα από τα πράγματα που αποφεύγουμε, τα πράγματα που μας αρέσουν, τις ικανότητές μας και τα όνειρά μας. Για παράδειγμα, δεν είναι ασυνήθιστο για κάποιον που ήταν πολύ σημαντικός σε μια ζωή να γίνει άστεγος ζητιάνος σε αυτή τη ζωή, ή για κάποιον που κάποτε ήταν φτωχός να γίνει πλούσιος στην επόμενη ζωή. Οι προηγούμενες εμπειρίες μας διαμορφώνουν αυτό που είμαστε και αυτό που γινόμαστε, γιατί συχνά πρέπει να πάμε βαθιά μέσα στην ψυχή μας για να συνειδητοποιήσουμε τα μαθήματα που δεν μπορέσαμε να μάθουμε πριν ή σε μια άλλη ζωή. Ποτέ δεν ξέρεις τι πραγματικά έχεις μέχρι να τα χάσεις όλα.

Γιατί λοιπόν φυλακίζουμε και τιμωρούμε τους ανθρώπους; Θέλουμε να επαναστατήσουν ή τους βοηθάμε να αποδεχτούν την τιμωρία τους και να βρουν έναν νέο σκοπό στη ζωή;

Αυτά είναι περίπλοκα ερωτήματα, επειδή οι περισσότεροι άνθρωποι είναι θύματα της δικής τους άγνοιας και όχι των προβλημάτων που αντιμετωπίζουν. Υποφέρουν επειδή δεν ξέρουν πώς να ενεργήσουν σε διάφορες καταστάσεις και μερικές φορές δεν ξέρουν καν ποιοι είναι ως άνθρωποι. Αλλά δεν πρόκειται μόνο για τη φυλάκιση. Η κοινωνία συχνά περιορίζει την ικανότητα των ανθρώπων να ευδοκιμήσουν με το να τους κατατάσσει σε μια συγκεκριμένη κοινωνική τάξη ή οικονομική κατάσταση. Αν γεννηθείς σε μια φτωχή οικογένεια, έχεις πολύ λίγες πιθανότητες να ανέβεις στη ζωή σου.

Τα βιβλία και άλλες μορφές εκπαίδευσης μας διδάσκουν αυτό που κανείς άλλος δεν θα μάθει, γι' αυτό και είναι τόσο σημαντικά στο να βοηθούν τους ανθρώπους να αναπτυχθούν - είναι η δύναμη ενός συγγραφέα να διαμορφώνει το μυαλό σας πέρα από τα εμπόδια του χρόνου ή του χώρου, ή ακόμη και η δύναμη των θεσμών να καθορίζουν τι σκέφτεστε και τι απορρίπτετε. Έτσι, παρόλο που η πραγματικότητα είναι πολύπλοκη, ο τρόπος για να απελευθερωθούμε από αυτή την πολυπλοκότητα είναι να ξεπεράσουμε τους επαναλαμβανόμενους κύκλους, και αυτό γίνεται μέσω της αυταπάρνησης και της αυτοκριτικής, η οποία τελικά οδηγεί στον θάνατο της προσωπικότητας και στην αναγέννηση στο Πνεύμα, που συχνά συμβολίζεται ως βάπτισμα στον Θεό, ακόμη και πριν από την έλευση του Χριστιανισμού.

Κεφάλαιο 11: Η δύναμη της απελευθέρωσης

Κατά τη διάρκεια της ζωής μου, είχα πολλές αναποδιές, στιγμές απελπισίας και εμπειρίες πίστης. Μέσα από αυτές τις στιγμές κατάφερα να κατανοήσω τη δύναμη του να αφήνεις τις προσκολλήσεις και να μαθαίνεις τους τρόπους του σύμπαντος. Για να πετύχουμε πραγματικά στη ζωή, δεν πρέπει να προσκολληθούμε στον πόνο ή στην επιτυχία. Αντίθετα, πρέπει να μάθουμε πώς λειτουργούν τα πάντα και να ρέουμε με το Σύμπαν.

Για παράδειγμα, καθώς συνεχίζω να μαθαίνω και να αναπτύσσομαι στο δικό μου ταξίδι, συνειδητοποίησα ότι η αλήθεια εκδηλώνεται με πολλούς διαφορετικούς τρόπους, οι περισσότεροι από τους οποίους μπορεί να είναι πέρα από τον έλεγχό μας. Είναι σαν να ακούς μια ομάδα μηχανικών να συζητούν για τη μηχανική. Κάποιοι μπορεί να το εξηγούν καλύτερα, ενώ άλλοι μπορεί να φαίνονται μπερδεμένοι, αλλά στο τέλος της ημέρας, όλοι επικοινωνούν το ίδιο μήνυμα. Είχα επίσης προσωπικές εμπειρίες σε ομάδες που με επηρέασαν σημαντικά, αλλά μπορώ να πω με βεβαιότητα ότι οι διδασκαλίες όλων αυτών των ομάδων συνάδουν με αυτά που ανακάλυψα στο δικό μου ταξίδι.

Αυτό που διακρίνει αυτές τις ομάδες είναι το επίπεδο ελέγχου και χειραγώγησης που λαμβάνει χώρα στο εσωτερικό τους. Για χρόνια ήμουν απίστευτα ανεκτική σε αυτές τις καταχρήσεις, προσπαθώντας να δω το καλό σε αυτές τις ομάδες, αλλά τελικά κουράστηκα από την υποκρισία, τις προσβολές και τον εγωισμό. Γι' αυτό τις κατονομάζω τώρα, γιατί είναι σημαντικό να αποσαφηνιστούν οι τρόποι με τους οποίους αυτές οι ομάδες μπορούν να γίνουν κακές. Είναι σημαντικό να συνειδητοποιήσουμε ότι αυτές οι ομάδες δεν είναι μοναδικές στις μεθόδους ελέγχου τους. Στην πραγματικότητα, πιστεύω ότι υπάρχει έλεγχος από όλες τις ομάδες, επειδή εκείνοι που επιθυμούν να ελέγξουν τον κόσμο ενδιαφέρονται για καλύτερους τρόπους χειραγώγησης των ανθρώπων. Η θρησκεία είναι απλώς ένας από τους πιο αποτελεσματικούς τρόπους. Έχω γνωρίσει πολλούς ανθρώπους που ισχυρίζονται ότι έχουν λάβει θεϊκά λόγια και έμπνευση, αλλά όταν αναλύω τις πράξεις τους, αμφιβάλλω σοβαρά για την αυθεντικότητα των ισχυρισμών τους. Η αλήθεια είναι ότι, χωρίς όραμα ή υπερφυσικά χαρίσματα, είναι αδύνατο να το ξέρουμε με βεβαιότητα. Ωστόσο, έχω παρατηρήσει πολλά μοτίβα στη συμπεριφορά αυτών των ανθρώπων που με οδήγησαν να αμφισβητήσω τη λογική τους. Η προσωπική μου πεποίθηση είναι ότι η Εκκλησία ή το Σώμα του Χριστού είναι μια Γνωστική συνειδητοποίηση της δικής μας φύσης ως όντα του φωτός. Είναι η συνειδητοποίηση της θεϊκής μας φύσης και είναι ευθυγραμμισμένη με τις κβαντικές διαστάσεις και τα υψηλότερα επίπεδα δόνησης.

Είναι ενδιαφέρον να σημειωθεί ότι πολλά Γνωστικά γραπτά που έχουν ληφθεί από τη Βίβλο μιλούν γι' αυτό. Στην πραγματικότητα, αυτό που σήμερα ονομάζεται εκκλησία είναι απλώς το εξωτερικό υποπροϊόν της βαθιάς επιθυμίας ορισμένων ατόμων να συγκεντρωθούν και να σχηματίσουν μια κοινότητα γύρω από τις πεποιθήσεις τους. Όλη η εξωτερική οργάνωση είναι απλώς ένα υποπροϊόν αυτής της επιθυμίας να κάνουμε την ενότητά μας με τον Θεό μια πρακτική πραγματικότητα. Γνωρίζω ότι αυτό δεν είναι εύκολο έργο και ότι συχνά είναι γεμάτο προκλήσεις. Αλλά έχω βιώσει το είδος των προσβολών που προέρχονται από Χριστιανούς που ίσως δεν κατανοούν πλήρως αυτές τις έννοιες. Στην πραγματικότητα, αυτό που μου κάνει πάντα εντύπωση στους ανθρώπους είναι η προσπάθεια που καταβάλλουν για να καταστρέψουν τους άλλους. Για παράδειγμα, συχνά με κοιτάζουν επίμονα ή μιλούν για μένα όταν δεν μιλάω ή δεν αλληλεπιδρώ μαζί τους, και αυτό συμβαίνει επειδή αυτοί οι άνθρωποι είναι αδαείς και φοβισμένοι. Είναι επίσης τόσο ναρκισσιστές και ηλίθιοι που έχουν ανάγκη να αποσπάσουν την προσοχή από τη δική τους ζωή για να την αφιερώσουν σε μένα, σε κάποιον που δεν ενδιαφέρεται για την ύπαρξή τους. Ξέρω ότι ό,τι δεν καταλαβαίνουν οι άνθρωποι το αποκαλούν αίρεση, σέχτα ή τρελούς, οπότε αυτό ισχύει σε συλλογικό και ατομικό επίπεδο. Αλλά αυτό είναι συνήθως απλώς το αποτέλεσμα ενός συνδυασμού φόβου και άγνοιας. Για παράδειγμα, όταν ήμουν παιδί, οι γονείς μου συνήθιζαν να μου λένε να μη μιλάω με Εβραίους, παρόλο που η μισή μου οικογένεια ήταν εβραϊκής καταγωγής. Αυτό οφειλόταν απλώς στη δική τους βλακεία και τις ρατσιστικές τους τάσεις. Έδειχναν επίσης προκατάληψη απέναντι στους Ινδούς, χωρίς να συνειδητοποιούν ότι σε πολλά άλλα μέρη του κόσμου θα τους έβλεπαν με τον ίδιο τρόπο.

Νομίζω ότι όσο περισσότερο ταξιδεύουμε, τόσο περισσότερο συνειδητοποιούμε πώς είναι να υφίστασαι διακρίσεις και να σε βλέπουν ως διαφορετικό, είτε ως απειλή είτε ως κατώτερο ανθρώπινο ον. Και στις δύο περιπτώσεις, τοποθετούμαστε μέσα στα όρια που έχουν οι άνθρωποι για την πραγματικότητα, επειδή οι περισσότεροι άνθρωποι είναι πραγματικά πολύ ηλίθιοι, ανεξάρτητα από τον όγκο των διαθέσιμων πληροφοριών.

Έχω δει την ίδια μορφή άγνοιας σε πολλές θρησκείες που διαθέτουν μεγάλες βιβλιοθήκες. Επειδή οι άνθρωποι έχουν πολύ περιορισμένη νοημοσύνη, μετατρέπουν αυτό που θα έπρεπε να είναι μια διδασκαλία σε κάποιου είδους συνήθεια στη ζωή τους, και νιώθουν έτσι ικανοποιημένοι. Δεν μπορούσα καν να θυμώσω μαζί τους, επειδή τους έβλεπα ως γελοίους ανθρώπους.

Έτσι, όταν μιλάμε για αποστασιοποίηση από τον κόσμο, δεν μιλάμε μόνο για υλικά πράγματα, αλλά και για ανθρώπους. Πολλοί άνθρωποι είναι τόσο παγιδευμένοι στις δικές τους ψευδαισθήσεις που πρέπει να τους αφήσουμε πίσω μας αν θέλουμε να έχουμε περισσότερες εμπειρίες. Η αλήθεια θα εκδηλώνεται πάντα με διαφορετικούς τρόπους, αλλά μόνο αν παραμένουμε δεκτικοί να τη δεχτούμε, και αυτό συνήθως σημαίνει να αφήσουμε αυτούς που νομίζουν ότι ξέρουν τι έχουμε και τι τους έχουν πει. Έτσι κάνουμε την ενότητά μας με τον Θεό μια πρακτική πραγματικότητα.

Κεφάλαιο 12: Επίτευξη οικονομικής επιτυχίας

Υπάρχουν πολλοί που λένε ότι ο δρόμος προς τον Θεό ή η άσκηση ενός πνευματικού τρόπου ζωής και η απόκτηση πλούτου είναι δύο διαφορετικά πράγματα, αλλά δεν θα μπορέσετε να βρείτε την αλήθεια χωρίς τον απαραίτητο χρόνο και την ελευθερία, και αυτό σημαίνει την απόκτηση του απαραίτητου πλούτου που θα σας παρέχει αυτά τα πράγματα.

Έχετε αναρωτηθεί ποτέ πώς κάποιοι άνθρωποι γίνονται δισεκατομμυριούχοι φαινομενικά μέσα σε μια νύχτα; Μπορεί να μοιάζει με τύχη ή με το να βρίσκεστε στο σωστό μέρος τη σωστή στιγμή, αλλά υπάρχει μέθοδος για την επιτυχία τους, και αυτή έγκειται στην κατανόηση των τριών πνευματικών στοιχείων της επιτυχίας στα οικονομικά: αξία, φύση και αναγκαιότητα.Ας ξεκινήσουμε με την αξία. Δεν αρκεί να έχετε ένα καλό προϊόν- πρέπει να είναι κάτι που οι άνθρωποι εκτιμούν. Πάρτε για παράδειγμα το χαρτί τουαλέτας. Είναι ένα προϊόν που οι άνθρωποι όχι μόνο χρειάζονται, αλλά και εκτιμούν. Οι άνθρωποι προτιμούν να έχουν καθαρό κώλο παρά καθαρό μυαλό. Η κατανόηση αυτού είναι που κάνει το χαρτί υγείας καλύτερη επιχείρηση από ένα βιβλιοπωλείο, παρόλο που και τα δύο πωλούν χαρτί. Επομένως, είναι σημαντικό να καταλαβαίνουμε τι χρειάζονται και τι θέλουν οι άνθρωποι και να δημιουργούμε προϊόντα ή υπηρεσίες που ικανοποιούν αυτές τις ανάγκες. Αλλά η αξία από μόνη της δεν είναι αρκετή. Πρέπει επίσης να λάβουμε υπόψη το στοιχείο της φύσης. Δεν μπορείς να διαπραγματευτείς με μια τίγρη και δεν μπορείς να αναγκάσεις τους ανθρώπους να δουν τα πράγματα με τον δικό σου τρόπο. Μερικοί άνθρωποι απλώς δεν είναι δεκτικοί σε νέες ιδέες ή συμβουλές. Οι συγγραφείς, για παράδειγμα, θεωρούνται τρελοί, μοναχικοί άνθρωποι σε έναν κόσμο ηλιθίων, οπότε αντί να προσπαθείτε να αλλάξετε τη γνώμη των ανθρώπων, είναι προτιμότερο να εστιάσετε σε ανθρώπους που είναι πρόθυμοι να ακούσουν και να μάθουν. Τέλος, υπάρχει και η αναγκαιότητα. Η πώληση ενός προϊόντος αξίας 1 δολαρίου σε ένα δισεκατομμύριο ανθρώπους μπορεί να φαίνεται εύκολος τρόπος για να γίνεις δισεκατομμυριούχος, αλλά δεν είναι τόσο απλό. Το προϊόν πρέπει να είναι κάτι που οι άνθρωποι χρειάζονται, όχι απλώς θέλουν. Η ανάγκη είναι αυτό που κάνει τους ανθρώπους να πιάνουν το πορτοφόλι τους χωρίς δεύτερη σκέψη. Για παράδειγμα, κατά τη διάρκεια της πανδημίας COVID-19, υπήρχε έλλειψη απολυμαντικών χεριών. Ορισμένοι επιχειρηματίες συνειδητοποίησαν την ανάγκη και άρχισαν να κατασκευάζουν τα δικά τους απολυμαντικά χεριών, τα οποία έγιναν γρήγορα μπεστ σέλερ. Μπορεί να νομίζετε ότι αυτά τα στοιχεία είναι εκτός του ελέγχου σας, αλλά κατανοώντας αυτά τα τρία στοιχεία, μπορείτε να λάβετε μέτρα για να δημιουργήσετε προϊόντα ή υπηρεσίες που οι άνθρωποι χρειάζονται και εκτιμούν. Τι κοινό έχουν όλα αυτά; Μη εγωιστικές ιδέες.

Για παράδειγμα, αν έχετε ένα προϊόν που θεωρείτε ότι είναι πολύτιμο, αλλά οι άνθρωποι δεν βλέπουν την αξία του, δεν θα πουλήσει, γι' αυτό είναι σημαντικό να καταλάβετε τι χρειάζονται και τι θέλουν οι άνθρωποι και να δημιουργήσετε προϊόντα ή υπηρεσίες που ικανοποιούν αυτές τις ανάγκες. Μια εφαρμογή για κινητά που βοηθά τους ανθρώπους να ελέγχουν τα έξοδά τους μπορεί να μη φαίνεται απαραίτητη, αλλά είναι πολύτιμη για όσους δυσκολεύονται να διαχειριστούν τα οικονομικά τους.

Είναι επίσης σημαντικό να αναγνωρίσουμε ότι ορισμένοι άνθρωποι απλώς δεν είναι ανοιχτοί σε νέες ιδέες ή συμβουλές. Αντί να προσπαθείτε να τους αλλάξετε γνώμη, είναι προτιμότερο να επικεντρωθείτε σε ανθρώπους που είναι πρόθυμοι να ακούσουν και να μάθουν. Για παράδειγμα, ένας οικονομικός σύμβουλος μπορεί να συναντήσει πελάτες που αρνούνται να ακολουθήσουν τις συμβουλές του. Αντί να προσπαθεί να τους αλλάξει γνώμη, ο σύμβουλος μπορεί να επικεντρωθεί σε πελάτες που είναι ανοιχτοί στην αλλαγή και στην οικονομική επιτυχία. Όσο πιο πρόθυμοι είστε να υπηρετήσετε τους άλλους, τόσο καλύτερα προετοιμασμένοι θα είστε για να πάρετε αποφάσεις που ευθυγραμμίζονται με τους στόχους σας, είτε πρόκειται για την παραίτηση από μια δουλειά για να εργαστείτε διαδικτυακά, ενώ προσπαθείτε να βρείτε τον ιδανικό σύζυγο σε διάφορα μέρη του κόσμου, είτε απλά να απολαύσετε τη ζωή σε μέρη όπου προηγουμένως κάνατε μόνο διακοπές, ή, όπως εγώ, να έχετε περισσότερο χρόνο για διάβασμα.

Αυτό που με παρακίνησε να ανεξαρτητοποιηθώ ως κάποιος που εργάζεται στο διαδίκτυο ήταν η ελευθερία να έχω χρόνο να διαβάζω και να βρίσκομαι εκεί που ήθελα να βρίσκομαι και όχι εκεί που έπρεπε να βρίσκομαι για να βγάζω χρήματα. Δεν είναι δύσκολο να καταλάβεις πού πρέπει να βρίσκεσαι αν θέλεις να βγάλεις περισσότερα χρήματα, αλλά αν θέλεις να είσαι ανεξάρτητος, η ζωή μπορεί να είναι δύσκολη γιατί δεν είναι παντού ιδανικά για να κάνεις φίλους και να δουλεύεις από το σπίτι. Χρειάστηκε να το μάθω αυτό ζώντας σε πολλές χώρες, αλλά δεν το μετανιώνω γιατί δεν νομίζω ότι θα απολάμβανα τη ζωή μου αν οι αποφάσεις μου βασίζονταν στο πόσα χρήματα θα έβγαζα.

Δεν ξέρετε πώς οι αποφάσεις σας σήμερα θα αλλάξουν το μέλλον σας αύριο. Μπορείς μόνο να μαντέψεις με βάση την τρέχουσα εμπειρία σου, γι' αυτό και συνήθως δεν μένω για πολύ σε πόλεις όπου οι άνθρωποι δεν είναι ευγενικοί και δεν σέβονται. Στις Φιλιππίνες, οι φύλακες λένε «Γεια σας, κύριε!» με ένα χαμόγελο στο πρόσωπό τους. Στην Πολωνία, την Ελβετία, την Ισπανία, τη Λιθουανία και σε πολλές άλλες ευρωπαϊκές χώρες, με κοιτάζουν με μίσος στα μάτια, σαν να ήμουν αρουραίος που μπαίνει στο μαγαζί. Η αντίθεση είναι πολύ μεγάλη για να την αγνοήσω.

Κεφάλαιο 13: Ξεπερνώντας την αρνητικότητα

Έχω δει από πρώτο χέρι πόσο εγωιστές, εγωκεντρικοί, ζηλόφθονοι και απορριπτικοί μπορούν να είναι οι άνθρωποι, επιτιθέμενοι και καταστρέφοντας οτιδήποτε δεν καταλαβαίνουν ή ότι κρίνουν αρνητικά χωρίς να γνωρίζουν το πλαίσιο της παρατήρησής τους, ή ότι είναι απλώς ανώτερο από την κατανόησή τους. Διαμορφώνουν μια ανταγωνιστική δύναμη ενάντια στις επιθυμίες μας, την οποία συναντάμε με πολλούς τρόπους, ένας από τους οποίους είναι ο συσχετισμός μεταξύ αυτού που έχουν στο μυαλό τους και αυτού που είναι της μόδας ή συνδέεται με τη μαζική πίστη - την οποία μπορούμε επίσης να αναγνωρίσουμε ως μαζική ύπνωση.

Γι' αυτό πιστεύεται ότι αν δεν είστε στο σωστό μονοπάτι στη ζωή, αρνητικές δυνάμεις και άνθρωποι θα σας επιτίθενται κάθε δευτερόλεπτο της ημέρας και μόνο όταν βρείτε την τέλεια ισορροπία και θέση θα βελτιωθεί η ζωή σας, θα νιώσετε ευθυγραμμισμένοι με τον ανώτερο εαυτό σας και όλα θα έρθουν όπως θέλετε - όλα όσα έχετε εκδηλώσει θα γίνουν πραγματικότητα.

Αν και πιστεύω ότι αυτό είναι εν μέρει αληθινό, μπορεί επίσης μερικές φορές να είναι εξαιρετικά εξαντλητικό να λειτουργείτε με αυτή την πεποίθηση. Υπήρξε μια στιγμή στη ζωή μου που θύμωσα, και ήταν όταν βρισκόμουν στην Ισπανία, περιτριγυρισμένη από αγενείς, αδαείς και πολύ ρατσιστές ανθρώπους, παρόλο που οι περισσότεροι από αυτούς ήταν Βρετανοί. Στη συνέχεια, όσο περισσότερο ταξίδευα και έβλεπα το ίδιο πράγμα σε όλη την Ευρώπη - ρατσιστές ντόπιους και ρατσιστές μετανάστες στις διακοπές, για την ακρίβεια, καθώς και γενική ασέβεια και αγένεια - έγινα απαθής απέναντι σε αυτό, προκειμένου να απευαισθητοποιηθώ και να δουλέψω πιο σκληρά.

Υπήρχαν στιγμές που ένιωθα σαν να βρισκόμουν σε ένα αποκαλυπτικό σενάριο, περικυκλωμένη από ζόμπι, επειδή όλοι έμοιαζαν πολύ ηλίθιοι, σαν να μην είχαν ψυχή και κάποιος δαίμονας να τους ελέγχει, λέγοντάς τους τι να σκέφτονται και τι να κάνουν.

Είχα τόσα πολλά προβλήματα που δημιουργήθηκαν από απίστευτα καθυστερημένους ανθρώπους που δεν μπορώ καν να το περιγράψω, γιατί είναι πολύ σουρεαλιστικό για να το πιστέψω. Αισθάνομαι σαν να φαντάζομαι πράγματα επειδή οι άνθρωποι λένε ότι δεν είναι αλήθεια ή μου ζητούν να εξηγήσω, σαν να πρέπει να εκλογικεύσω αυτό που κάνουν παράλογοι άνθρωποι. Είναι απόλυτη σπατάλη της ενέργειάς μου! Αλλά δέχομαι τόσα πολλά, πραγματικά τόση βλακεία, που είναι απίστευτο. Έχω γράψει μερικές από τις ιστορίες στα βιβλία μου επειδή πρέπει να το περάσω αυτό για να μπορέσω να γράψω.

Σε γενικές γραμμές, η ζωή μου ήταν πάντα έτσι, αλλά σαφώς, αν εφαρμόσω την αρχή ότι πρέπει να πηγαίνω με τη ροή, τότε η Ευρώπη δεν είναι για μένα. Η Ευρώπη μοιάζει με μια ήπειρο ανθρώπων που έχουν ξεχάσει πώς να πεθαίνουν, ένα μάτσο ανεγκέφαλα ζόμπι που κυκλοφορούν. Συχνά μάλιστα με κοιτάζουν σαν να θέλουν να με σκοτώσουν με τα μάτια τους, κι εγώ κοιτάζω αυτούς τους ανθρώπους και σκέφτομαι: Σε ξέρω;

Είναι πραγματικά απίστευτο! Αν και ο ρατσισμός φαίνεται να είναι η πιο προφανής εξήγηση, πραγματικά δεν έχω ιδέα γιατί οι άνθρωποι είναι τόσο ηλίθιοι, γιατί οι Ισπανοί, οι Κροάτες και οι Πορτογάλοι είναι εξίσου διανοητικά καθυστερημένοι, και δεν διαφέρω πολύ από κανέναν τους.

Στη Λιθουανία, με χτύπησαν ενώ περπατούσα, ειδικά όταν είχα δίπλα μου μια ξανθιά φίλη, αλλά τουλάχιστον μπορώ να εξηγήσω την ηλιθιότητά τους με τον ρατσισμό. Παρόλα αυτά, φανταστείτε το συναίσθημα να περπατάω με μια γυναίκα στο πλευρό μου και να βλέπω ανθρώπους, ειδικά άλλες γυναίκες, να με χτυπούν επίτηδες σαν να μου επιτίθενται. Δεν μπορώ καν να το αποκαλέσω παθητική επιθετικότητα, γιατί πρόκειται κυριολεκτικά για σωματική επίθεση. Της είπα μάλιστα: «Κοίτα αυτή τη γυναίκα! Με είδε, αλλά αλλάζει κατεύθυνση για να μου επιτεθεί!». Και βέβαια, εκεί ήταν.

Η φίλη μου δεν πίστευε στα μάτια της.

Τουλάχιστον στη Σερβία και την Αλβανία, οι άνθρωποι μου μιλούσαν σαν να ήμουν άνθρωπος και όχι μια γιγάντια σαύρα που περπατάει στα δύο πόδια.

Έχω οργανώσει εκδηλώσεις για δεκάδες ανθρώπους στο παρελθόν και κυριολεκτικά έχασα το ενδιαφέρον μου, επειδή με κατέθλιβαν ακόμη περισσότερο, και όταν οι άνθρωποι με καταθλίβουν, αυτό επηρεάζει την παραγωγικότητά μου. Ο εγκέφαλός μου επηρεάζεται σημαντικά από το περιβάλλον στο οποίο βρίσκομαι, οπότε θεωρώ ότι η συγγραφή μου ρέει καλύτερα όταν περιβάλλομαι από τους σωστούς ανθρώπους, γι' αυτό και αν κάποιος μου πει «είμαι Αμερικανός», «είμαι Βρετανός», «είμαι Πορτογάλος» ή «είμαι Λιθουανός», δεν θα έχω όρεξη να του μιλήσω. Κάποιοι από αυτούς τους ανθρώπους μπορεί να είναι φιλικοί, αλλά δεν είμαι παίκτης και οι στατιστικές δεν ευνοούν αυτά τα έθνη.

Κεφάλαιο 14: Αναζητώντας την κανονικότητα

Υπάρχουν μέρη στον κόσμο όπου αισθάνομαι ότι μπορώ να ζήσω μια φυσιολογική ζωή, αλλά είναι πολύ λίγα. Γι' αυτό δεν είμαι τόσο πρόθυμος να ταξιδέψω. Διότι αν δεν μου αρέσει ένα μέρος, ξέρω ότι ο εγκέφαλός μου δεν θα λειτουργήσει κανονικά, οπότε είναι προτιμότερο να τα μαζέψω και να φύγω παρά να σπαταλήσω μήνες από τη ζωή μου κοιτάζοντας μια οθόνη υπολογιστή.

Πέρασα μόνο λίγες εβδομάδες στα Βαλκάνια επειδή οι κουλτούρες είναι τόσο κακές. Δεν με εκπλήσσει το γεγονός ότι αυτοί οι άνθρωποι πυροβολούσαν ο ένας τον άλλον μόλις πριν από λίγα χρόνια. Στην πραγματικότητα, βλέπω την ιστορία και τους παγκόσμιους πολέμους από μια εντελώς διαφορετική οπτική γωνία τώρα. Για παράδειγμα, δεν βλέπω την Πολωνία ως θύμα πολλών εισβολών, επειδή έχω μιλήσει με πολλούς ανθρώπους που έχουν πάει στην Πολωνία. Νομίζω ότι οι Πολωνοί θυμώνουν τόσο πολύ κόσμο που όταν τους δίνεται η ευκαιρία, είναι η πρώτη χώρα που θέλουν να καταστρέψουν. Νομίζω ότι, για παράδειγμα, όταν ο Αδόλφος Χίτλερ επισκέφθηκε την Πολωνία αρκετές φορές πριν έρθει στην εξουσία, έμεινε τόσο έκπληκτος από την ασέβεια και τον ρατσισμό που αποφάσισε να εισβάλει στη χώρα και να την υποτάξει με τη βία.

Νόμιζα ότι θα μπορούσα να ζήσω μια σχετικά ειρηνική ζωή στην Ευρώπη, αλλά κάτι στην ενέργειά μου εξαπολύει αυτούς τους δαίμονες όπου κι αν πάω. Και όμως, όταν βρίσκομαι στο σωστό μέρος, συμβαίνει το ακριβώς αντίθετο: οι άνθρωποι μιλούν θετικά για μένα, θέλουν να ακούσουν τι έχω να πω, και η ζωή μου αλλάζει εν μία νυκτί. Η αλλαγή δεν είναι ανεπαίσθητη, είναι δραματική!

Σε γενικές γραμμές, πάντως, οι περισσότερες ερωτήσεις που μου κάνουν οι άνθρωποι δεν βγάζουν νόημα για μένα, επειδή δεν ζω ή σκέφτομαι όπως εκείνοι. Οι άνθρωποι μου κάνουν πολλές ερωτήσεις σχετικά με το πού ζω και πώς ζω, και αλλάζω σπίτι τόσο συχνά που δεν έχει καμία διαφορά.

Σε μια πρόσφατη συνέντευξη, μου έκαναν πολλές ερωτήσεις που δεν έβγαζαν νόημα. Στην αρχή, η υπεύθυνη της συνέντευξης είπε ότι ενδιαφερόταν να μου μιλήσει για τα βιβλία, αλλά στη συνέχεια πέρασε όλη την ώρα ρωτώντας για τα ταξίδια μου, λες και ήμουν πιλότος και ο στόχος της ζωής μου ήταν απλώς να πετάω παντού.

Δεν σκέφτομαι πραγματικά πού πηγαίνω, δεν συλλέγω σημεία σε έναν χάρτη, οπότε όταν κάποιος με ρωτάει γιατί πήγα σε ένα συγκεκριμένο μέρος, η απάντηση είναι συνήθως «ήταν κοντά» ή «κάποιος μου πρόσφερε ένα διαμέρισμα σε καλή τιμή και είχε υπέροχη θέα» ή απλώς «είχα φίλους εκεί».

Καθώς δεν σκέφτομαι όπως όλοι οι άλλοι, οι ερωτήσεις τους δεν βγάζουν νόημα για μένα και οι απαντήσεις μου δεν βγάζουν νόημα γι' αυτούς. Αυτό συμβαίνει συνήθως όταν μου παίρνουν συνέντευξη.

Αλλά δεν θεωρώ τον εαυτό μου πραγματικά ταξιδιώτη ή, με άλλα λόγια, δεν θεωρώ το ταξίδι ως ταξίδι. Στο μυαλό μου, είναι σαν να αναρωτιέμαι γιατί πέρασα τον δρόμο στην άλλη πλευρά ή γιατί πήγα στην παραλία.

Η ζωή που οι άλλοι αποκαλούν φυσιολογική ήταν στην πραγματικότητα δύσκολη για μένα. Ίσως επειδή έχω δημιουργικό μυαλό και δεν μου άρεσε ποτέ η επανάληψη. Όταν ήμουν δασκάλα και έπρεπε να επαναλάβω το ίδιο μάθημα τέσσερις φορές μέσα σε μια μέρα, ένιωθα ότι τρελαινόμουν. Όταν έφτασα στο τέταρτο μάθημα και έπρεπε να ξεκινήσω πάλι από την αρχή, δεν ήθελα καν να μιλήσω.

Στην πραγματικότητα, τα μαθήματά μου ήταν αρκετά δυναμικά και απρόβλεπτα, γιατί μισούσα τη μονοτονία που τόσο πολύ αρέσει στους άλλους δασκάλους: Πάρε το χαρτί, βρες τη σωστή απάντηση, μετά πες μου την απάντησή σου, μετά διορθώνω την απάντησή σου, μετά με κάνεις να νιώθω έξυπνος κάνοντας τον εαυτό σου ρεζίλι, μετά παίρνεις έναν αριθμό, εγώ παίρνω έναν μισθό και τελικά παίρνεις μια δουλειά που μισείς και πρέπει να κάνεις μέχρι να πεθάνεις, και εγώ απλά επαναλαμβάνω τις ίδιες μαλακίες για άλλα 50 χρόνια.

Συχνά αναρωτιέμαι πώς καταφέρνουν οι άνθρωποι να ζουν αυτή τη ζωή. Έπρεπε να γίνω συγγραφέας. Δεν υπάρχει άλλη δουλειά στον κόσμο για κάποιον σαν εμένα. Στην πραγματικότητα, νομίζω ότι όσο περισσότερο εξελίσσεσαι, τόσο περισσότερο βρίσκεσαι απομονωμένος εξ ορισμού, επειδή κανείς δεν σε καταλαβαίνει ή δεν ενδιαφέρεται να σε καταλάβει. Στις σχέσεις μου, καμία από τις φίλες μου δεν ήθελε ποτέ να μάθει γιατί δούλευα τόσες πολλές ώρες. Αυτό που πραγματικά θέλουν να μάθουν είναι πώς κερδίζω χρήματα και αν υπάρχουν αρκετά χρήματα. Αν τολμήσω να τους πω ότι χάνω χρήματα, κάτι που έχω πει πολλές φορές μόνο και μόνο για να δοκιμάσω την αντίδρασή τους, αρχίζουν αμέσως να πανικοβάλλονται και να σκέφτονται να βρουν κάποιον άλλο. Λίγο αργότερα, αρχίζουν να τσακώνονται σαν να ψάχνουν δικαιολογία για να χωρίσουν. Είναι σαν να θέλουν να χωρίσω μαζί τους επειδή δεν μπορούν να παραδεχτούν ότι είναι χρυσοθήρες.

Νομίζω ότι οι περισσότερες γυναίκες είναι χρυσοθήρες επειδή είναι στη φύση τους. Όταν μια γυναίκα λέει ότι θέλει έναν άντρα να την κερνάει το δείπνο της και όταν περιμένει από έναν άντρα να κερδίζει περισσότερα από εκείνη και να έχει μια σταθερή δουλειά, ειδικά αν εργάζεται για την κυβέρνηση ή για κάποιον άλλο αξιόπιστο οργανισμό με μεγάλη αξιοπιστία, ουσιαστικά λέει ότι θέλει έναν άντρα με χρήματα. Και απ' ό,τι έχω παρατηρήσει μιλώντας με χιλιάδες γυναίκες απ' όλο τον κόσμο, σχεδόν όλες σκέφτονται έτσι, γι' αυτό και ο φεμινισμός φεύγει από την πόρτα μόλις διαπιστώσουν την αντίφαση μεταξύ του πλούτου που αποκτούν και της νοοτροπίας ενός παραδοσιακού άνδρα.

Δεν έχω ακούσει ποτέ γυναίκα να λέει: «άφησα τον εκατομμυριούχο σύζυγό μου επειδή ήταν μισογύνης».

Το ίδιο μπορεί να ειπωθεί και για τους άνδρες που εκτιμούν τις γυναίκες μόνο για την εμφάνισή τους, και παραδέχομαι ότι από ένα σημείο και μετά είναι δύσκολο να μην εκτιμάς τις γυναίκες με αυτόν τον τρόπο, ειδικά όταν τα άλλα χαρακτηριστικά τους δεν είναι τόσο καλά.

Το πρόβλημα με μια γυναίκα που είχε πάρα πολλές αρνητικές εμπειρίες με άνδρες δεν είναι ότι δεν ξέρει τι θέλει, αλλά το αντίθετο - δεν θέλει αυτό που παίρνει. Γιατί μετά από ένα συγκεκριμένο σημείο στη ζωή της, δεν παίρνει καν τα περισσότερα από αυτά που ήθελε.

Κεφάλαιο 15: Η αναζήτηση της προόδου

Θέλω πάντα να πηγαίνω πιο γρήγορα στη ζωή, γιατί νιώθω ότι ποτέ δεν είμαι αρκετά γρήγορη. Οι περισσότεροι άνθρωποι πιστεύουν ότι είμαι πολύ γρήγορη σε σύγκριση με αυτούς, αλλά εγώ νιώθω σαν ελέφαντας κολλημένος πάνω σε χιμπατζή που περπατάει μέσα στη λάσπη. Τα πάντα στον κόσμο κινούνται πολύ αργά για μένα. Γι' αυτό τείνω να καθυστερώ την ικανοποίηση προκειμένου να δώσω προτεραιότητα σε ορισμένα πράγματα που είναι πιο σημαντικά για μένα σε μια δεδομένη στιγμή της ζωής μου.

Έχω συνειδητοποιήσει ότι αυτό μπερδεύει τους ανθρώπους επειδή ο τρόπος που επεξεργάζονται τις πληροφορίες είναι σταθερός - νομίζουν ότι είμαι αυτό που βλέπουν, όχι αυτό που σκοπεύω να κάνω ή αυτό που ήμουν. Το κάνουν αυτό επειδή είναι ανίκανοι να κάνουν σημαντικές αλλαγές, επειδή είναι ανόητοι ως προς τις δυνατότητές τους να αλλάξουν τον εαυτό τους. Είναι επίσης τεμπέληδες, γι' αυτό και παρόλο που πολλοί άνθρωποι ισχυρίζονται ότι θέλουν να αλλάξουν, δεν θα διαβάσουν ποτέ τα βιβλία με τις πληροφορίες. Μπορεί να με ρωτήσουν πώς το κάνω, σαν να είναι μυστικό που δεν έχω γράψει ποτέ, αλλά δεν θα διαβάσουν αυτά που γράφω. Στην πραγματικότητα, νομίζουν ότι είναι έξυπνοι επειδή δεν αλλάζουν. Ο κόσμος τους βγάζει περισσότερο νόημα όταν νομίζουν ότι έχουν καταλάβει τα πάντα.

Είναι πολύ λογικό να σκέφτεσαι έτσι όταν είσαι πολύ ηλίθιος. Είναι σαν να λες ότι ξέρεις πώς ζουν οι άλλοι άνθρωποι επειδή έχεις δει το δικό σου σπίτι. Όταν αυτοί οι άνθρωποι γράφουν βιβλία, δεν υπάρχει μεγάλη διαφορά, γιατί ουσιαστικά ρίχνουν περισσότερα από τα ίδια στον κόσμο και προσπαθούν να νιώσουν ξεχωριστοί ξεγελώντας κυριολεκτικά τους ανθρώπους με τις βαρετές υποθέσεις τους, πολλές από τις οποίες είναι εξαιρετικά προσωπικές και δεν έχουν καμία σχέση με την επιστήμη.

Εξακολουθεί να με εκπλήσσει το γεγονός ότι οι άνθρωποι εκτιμούν τις απόψεις περισσότερο από την επιστήμη. Θα μπορούσα να το καταλάβω αυτό στην εποχή του Ιησού, αλλά σήμερα; Είναι πολύ εύκολο να βρει κανείς ερευνητικές εργασίες από πανεπιστήμια σε όλο τον κόσμο ή ανθρώπους που συνοψίζουν το θέμα σε ένα βίντεο γεμάτο σχέδια.

Αυτός είναι ένας από τους λόγους για τους οποίους δεν ταυτίζομαι με τους περισσότερους συγγραφείς που έχω γνωρίσει ή με ανθρώπους που θέλουν να γράψουν ένα βιβλίο για παρόμοιους λόγους. Δεν γράφω για να γίνω γνωστός ή για να νιώσω σημαντικός. Έχω επίσης την τάση να απορρίπτω τις λίγες ευκαιρίες που μου δίνονται επειδή δεν φαίνεται ότι οι άνθρωποι θα καταλάβουν την οπτική μου γωνία στα περισσότερα σενάρια.

Αν κάποιος με ρωτήσει αν είμαι διάσημος, δεν ξέρω τι να πω, γιατί όχι μόνο το θεωρώ άσχετο, αλλά δεν αλλάζει την αξία των λέξεων που γράφονται ή του μηνύματος που μεταφέρεται. Επίσης, όταν μου κάνουν ερωτήσεις για τη ζωή μου, νιώθω ότι τους απογοητεύω, επειδή οι ερωτήσεις τους δεν έχουν νόημα για μένα και δεν έχω πραγματικά ζωή για να την δείξω στα μέσα κοινωνικής δικτύωσης. Ούτε αισθάνομαι ότι έχω αρκετό χρόνο για να μιλήσω στον εαυτό μου μπροστά στην κάμερα, όπως κάνουν πολλοί influencers των μέσων κοινωνικής δικτύωσης.

Αν και με χαρακτηρίζουν συνεχώς ναρκισσιστή, η αλήθεια είναι ότι αν ήμουν, θα ένιωθα πολύ άνετα να μιλάω στον εαυτό μου στην κάμερα, αλλά δεν μου βγαίνει φυσικά και μάλιστα με κάνει να νιώθω άβολα. Σε αντίθεση με τους περισσότερους ανθρώπους, αυτό που με κάνει να νιώθω άνετα είναι να έχω μπροστά μου ένα μεγάλο πλήθος κόσμου. Μου είναι εύκολο να μιλάω μπροστά σε μεγάλα πλήθη και αυτό μου δίνει ενέργεια.

Η αλήθεια είναι ότι έγραφα πολύ πιο γρήγορα όταν ήμουν λέκτορας στο πανεπιστήμιο, παρόλο που είχα λιγότερο χρόνο και ήμουν πιο κουρασμένος. Πολλά βιβλία γράφτηκαν αφού είχαν τελειώσει τα μαθήματά μου. Καθόμουν στην πανεπιστημιακή καντίνα και έγραφα ό,τι μου ερχόταν στο μυαλό κατά τη διάρκεια του μαθήματος.

Κάθε δραστηριότητα απαιτεί ένα συγκεκριμένο καπέλο, και δεν μου αρέσει να αλλάζω καπέλα πολύ συχνά, αλλά θεωρώ ότι το να κερδίζω τα προς το ζην ως συγγραφέας είναι ένα μπόνους, επειδή ο τρόπος που σκέφτομαι για το γράψιμο είναι ο ίδιος τρόπος που σκέφτομαι για οτιδήποτε άλλο έχω κάνει ποτέ.

Συχνά με έχουν επικρίνει επειδή περνούσα τον περισσότερο χρόνο μου στις διάφορες εταιρείες στις οποίες εργάστηκα οργανώνοντας αντί να επικεντρώνομαι στα κέρδη, και με έχουν επικρίνει ως καθηγήτρια επειδή νοιαζόμουν περισσότερο για τις ζωές των μαθητών παρά για τους βαθμούς τους. Ίσως δεν πρέπει να σκέφτομαι τόσο στενά! Αλλά συνειδητοποιώ επίσης ότι αυτός ο πλανήτης δεν είναι για ανθρώπους σαν εμένα. Η εναλλακτική λύση είναι να παλεύω καθημερινά με την υγεία μου, όπως έκανα πριν, όταν ήμουν δασκάλα και έπρεπε να τηρώ ένα συγκεκριμένο ωράριο. Πιστεύω λοιπόν ότι ο Θεός με ευλόγησε με πολλές ευκαιρίες για να κάνω τη δουλειά που πρέπει να κάνω ως συγγραφέας, πολλές από τις οποίες ξεπερνούσαν τη φαντασία μου. Δεν σκεφτόμουν καν να ταξιδέψω τόσο πολύ, απλώς συνειδητοποίησα ότι ο εγκέφαλός μου δεν λειτουργεί σωστά σε ορισμένα περιβάλλοντα, αλλά κάθε φορά που φτάνω σε ένα νέο μέρος, αισθάνομαι ευλογημένη που έχω αυτή την ευκαιρία.

Η συνέχεια της ζωής και η εμπειρία της αλλαγής των χωρών με κρατούν παρακινημένο, ακόμη και αν αυτό το κίνητρο εξαφανίζεται μετά από λίγο.

Κεφάλαιο 16: Η αξία της γνώσης

Ο ι περισσότεροι άνθρωποι είναι βαρετοί και δεν έχουν τίποτα να πουν. Ορισμένοι είναι ακόμη και επικίνδυνοι, κατά τη γνώμη μου, επειδή προωθούν αυτοκαταστροφικές ιδέες και ψέματα. Γι' αυτό δεν καταλαβαίνω γιατί τόσοι πολλοί άνθρωποι θέλουν να γράψουν βιβλία.

Οι άνθρωποι συχνά μου ζητούν να τους βοηθήσω να εκδώσουν το βιβλίο τους και εγώ αρνούμαι γιατί δεν υπάρχει αξία στο περιεχόμενο και είμαι πολύ απασχολημένος με τα δικά μου βιβλία. Είναι γεγονός και όχι αλαζονεία να πω ότι ξέρω ότι τα βιβλία μου έχουν πιο πολύτιμο περιεχόμενο από πολλά άλλα.

Έχω μεγάλη εμπειρία στο να διορθώνω τα γραπτά των μαθητών, να προετοιμάζω μαθήματα και να αναλύω πληροφορίες. Τόσο πολύ που η ανάλυση πληροφοριών έχει γίνει δεύτερη φύση για μένα. Είναι η αλαζονεία των άλλων που με εκπλήσσει, επειδή είναι απίστευτα περιορισμένη η ικανότητά τους να σκέφτονται, αλλά με κοιτάζουν και νομίζουν ότι είμαι στο ίδιο επίπεδο με αυτούς.

Ένα από τα πιο σημαντικά πράγματα που έχω μάθει, για το οποίο οι περισσότεροι άνθρωποι φαίνεται να μην έχουν ιδέα, είναι ότι η έκθεση αλλάζει τον τρόπο με τον οποίο ο κόσμος σε βλέπει και τον εαυτό σου, οπότε όσο περισσότερα πράγματα κάνεις στη ζωή σου, τόσο περισσότερες νευρολογικές οδούς αναπτύσσεις, οι οποίες θα σε κάνουν, όχι αυτιστικό, αλλά εξαιρετικά προηγμένο στοχαστή - θα σκέφτεσαι πιο γρήγορα και καλύτερα, θα βγάζεις καλύτερα συμπεράσματα και θα είσαι πιο αποτελεσματικός στις αποφάσεις σου από οποιονδήποτε άλλον. Από την άλλη πλευρά, θα γίνεις επίσης πιο συχνά αντικείμενο λανθασμένης εκτίμησης και προσβολής, επειδή εκπροσωπείς έναν κόσμο στον οποίο οι περισσότεροι άνθρωποι αισθάνονται ηλίθιοι στην παρουσία σου, γι' αυτό και, μετά από τόσα χρόνια, δεν μπορώ καν να καταλάβω τη διαφορά ανάμεσα σε κάποιον που προσβάλλει κάτι που έχω γράψει και σε κάποιον που προσβάλλει το πρόσωπό μου ή τη μουσική μου ή τον τρόπο που περπατάω ή οτιδήποτε άλλο μπορώ να σκεφτώ. Νομίζω ότι οι άνθρωποι προσβάλλουν με τον ίδιο τρόπο και για τους ίδιους θλιβερούς λόγους - την άγνοιά τους.

Το να ξοδεύεις περισσότερο χρόνο για να τους μιλήσεις ώστε να καταλάβουν δεν αλλάζει το προφανές, απλά το κάνει πιο ξεκάθαρο και πιο προφανές από πριν. Έτσι, το μόνο πράγμα που θα μπορούσε να συμβεί αυτή τη στιγμή και θα ήταν κάτι καινούργιο θα ήταν να μου απαγορευτεί η είσοδος σε αρκετές ευρωπαϊκές χώρες λόγω της κριτικής που ασκώ στα λόγια μου, αλλά δεν με ενδιαφέρει να επιστρέψω στην Πολωνία ή τη Λιθουανία, οπότε δεν με πειράζει αν έρθει μια ομάδα εξωγήινων και τους πάρει κάπου αλλού, όπου θα μπορούν να αισθάνονται πιο οικεία, να παίζουν με δεινόσαυρους και να παλεύουν καθημερινά για τη ζωή τους.

Ο τρόπος με τον οποίο βλέπω τη δουλειά μου είναι ο εξής: Αν έπρεπε να ξεκινήσω τη ζωή μου από την αρχή, θα ήθελα να βρω τα βιβλία μου; Η απάντηση είναι ένα ηχηρό ναι. Αυτά τα βιβλία θα με είχαν σώσει από πολλά χαμένα χρόνια! Όλα θα ήταν διαφορετικά. Ίσως να ήμουν εκεί που είμαι τώρα, αλλά πιο γρήγορα και με πολύ λιγότερα τραύματα ή λάθη.

Οι άνθρωποι λένε ότι τα λάθη είναι σημαντικά, αλλά αυτό εξαρτάται από το πλαίσιο. Όταν ήμουν DJ, δεν υπήρχαν λάθη: έπαιζα μουσική, βεβαιωνόμουν ότι όλοι ήταν ευχαριστημένοι και αυτό ήταν όλο. Ένα λάθος θα ήταν να τσακώνονται μεθυσμένοι άνθρωποι κατά τη διάρκεια της εκδήλωσης, κάτι που δεν συνέβη ποτέ στις συναυλίες μου.

Το ίδιο ισχύει και για τις πολεμικές τέχνες! Όπως συνήθιζα να λέω στους μαθητές μου, αν προπονείσαι αρκετά καλά, δεν θα χτυπήσεις, απλώς θα αποκτήσεις εμπειρία, γιατί οι άνθρωποι που χτυπάνε μάλλον δεν προπονούνται καλά ή έχουν λάθος δασκάλους. Αλλά καθώς ζούμε σε έναν πολύ τρελό κόσμο, πρέπει συχνά να σκέφτομαι τι να κάνω με τις προσβολές που δέχομαι και τα πράγματα που παρατηρώ. Είναι σαν πολλοί άνθρωποι να εύχονται να ήταν νεκροί επειδή προκαλούν χωρίς να συνειδητοποιούν τις συνέπειες. Μεγάλωσα σε μια πόλη όπου, αν το έκανες αυτό σε κάποιον, θα σε μαχαίρωνε.

Έχω περάσει τόσα πολλά και έχω κάνει τόσα πολλά πράγματα στη ζωή μου που κάποια στιγμή έπρεπε να επικεντρωθώ σε αυτό που είχε νόημα σε έναν κόσμο απόλυτης ανοησίας και βλακείας, οπότε το να αναγκάζω τους ανθρώπους να αλλάξουν μυαλό και κουλτούρα σίγουρα δεν είχε νόημα.

Το μεγαλύτερο μέρος της κοινωνίας απολαμβάνει τις ψευδαισθήσεις του και χαίρεται να είναι ηλίθιο. Η λύση θα έπρεπε να είναι να δημιουργήσω έναν δικό μου κόσμο, απρόσβλητο από όλη αυτή τη βλακεία, ή τουλάχιστον έναν κόσμο που θα μπορούσα να ελέγξω αντί να πιάνω πάντα φωτιές που έβαζαν άλλοι.

Συνήθιζα επίσης να πιστεύω ότι θα έβρισκα μια μεγαλύτερη κοινότητα στη θρησκεία, αλλά έχω πάει σε πολλές και εισέπραξα μόνο ασέβεια. Νομίζω ότι όσο περισσότερα ξέρεις, τόσο πιο δύσκολο είναι για τους άλλους να σε αποδεχτούν, τουλάχιστον αυτό μου έχουν πει κάποιοι άνθρωποι.

Μια κοπέλα από τη Λευκορωσία, με την οποία έβγαινα πριν από χρόνια, μου είπε κάποτε: «Μου τρελαίνει το μυαλό που ξέρεις τόσα πολλά και μπορείς να προβλέψεις τι σκέφτομαι! Λυπάμαι, αλλά δεν θέλω να σε ξαναδώ»!

Με απέρριψε επειδή την ήξερα τόσο καλά. Τι ειρωνεία! Αλλά αυτή δεν ήταν η μόνη φορά. Αν λοιπόν δεν ήμουν συγγραφέας, δεν ξέρω τι θα έκανα που δεν θα με κατέθλιβε αφάνταστα.

Δεν νομίζω ότι οι άνθρωποι πρέπει να τιμωρούνται επειδή γνωρίζουν τόσα πολλά, αλλά αυτό συμβαίνει σε έναν κόσμο με τόσο πολύ εγωισμό, αλαζονεία, βλακεία και φθόνο. Αυτός είναι ένας από τους λόγους για τους οποίους τα βιβλία μου έχουν κατασταλεί και είναι δύσκολο να τα βρει κανείς, ενώ μπροστά στους ανθρώπους μπαίνουν ανοησίες.

Κεφάλαιο 17: Το παράδοξο της λογικής

Μεγάλωσα από δύο γονείς που με κακοποιούσαν σε μια πολύ φτωχή και βίαιη πόλη. Μου έλεγαν ότι είμαι ηλίθιος σχεδόν κάθε μέρα από τότε που ήμουν παιδί. Δεν είμαι σίγουρος γιατί, αν και η μελέτη των διαταραχών προσωπικότητας της ομάδας Β και ειδικότερα της ναρκισσιστικής διαταραχής προσωπικότητας πιθανώς απαντά στο γιατί. Παρόλα αυτά, στο μυαλό μου, δεν καταλαβαίνω γιατί να κακοποιήσεις ψυχολογικά ένα παιδί και, αργότερα, έναν έφηβο.

Βέβαια, όταν έχεις περάσει πάνω από μια δεκαετία ακούγοντας αυτά τα πράγματα και έχοντας πολλές εμπειρίες σκόπιμα στημένες ώστε να σε κάνουν να νιώθεις έτσι, η προσωπικότητά σου διαμορφώνεται γύρω από αυτό. Απέτυχα σε όλα και ένιωθα σαν ψυχικά άρρωστος άνθρωπος, σαν ηλίθιος. Προσευχόμουν πολύ για απαντήσεις, γιατί δεν ήθελα να ζήσω έτσι, αλλά ήθελα να ζήσω.

Η καθοδήγηση ακολούθησε! Δεν βοηθούσε το γεγονός ότι είχα τόσες πολλές γνώσεις ή όνειρα που δεν μπορούσα να μοιραστώ, γιατί αυτό θα έκανε το πρόβλημα χειρότερο. Αλλά η συμβουλευτική που έλαβα ήταν σοφή - μου είπαν να διαβάσω ψυχιατρικά βιβλία, εγκυκλοπαίδειες κ.λπ. Άρχισα να καταβροχθίζω τις βιβλιοθήκες του Πανεπιστημίου Ψυχολογίας και τα πολλά βιβλιοπωλεία της πόλης για ό,τι έχει να κάνει με το μυαλό. Φανταστείτε το σοκ μου όταν συνειδητοποίησα ότι ήμουν φυσιολογική και ότι οι άνθρωποι γύρω μου έλεγαν ψέματα! Πώς θα μπορούσα να εξηγήσω ή να ξεπεράσω αυτό το γεγονός;

Ακολούθησε θυμός! Η έλλειψη στέγης ακολούθησε τον αυτοσεβασμό που μόλις είχα αποκτήσει. Και τιμωρήθηκα ξανά, αυτή τη φορά επειδή είδα τι συνέβαινε.

Ακολούθησε περισσότερο μίσος, από άλλους ανθρώπους, επειδή όχι μόνο είδα περισσότερα, αλλά είδα πολύ περισσότερα. Και η καθοδήγηση που λάμβανα δεν σταμάτησε, αλλά επιταχύνθηκε, οδηγώντας με σε γνώσεις που δεν φανταζόμουν ποτέ ότι θα έβρισκα. Η αυτοπεποίθησή μου μεγάλωσε και μαζί της μεγάλωσε και το μίσος μου για τον κόσμο, τόσο πολύ που ακόμα δυσκολεύομαι να δεχτώ την αγάπη. Το ερώτημα είναι: πώς ξέρεις ότι ξέρεις όταν όλοι σου λένε ότι δεν ξέρεις; Έτσι έγινα συγγραφέας!

Το να γίνω συγγραφέας βοήθησε, αλλά δεν ήταν αρκετό! Δεν ένιωθα ότι είχα κερδίσει! Κέρδισα όταν μετέτρεψα αυτό το ταξίδι σε τρόπο ζωής! Έτσι έκλεισε ο κύκλος!

Δεν μου λείπει κανείς! Ούτε καν εκείνοι που είπαν ψέματα, κακοποίησαν, συκοφάντησαν, καταπίεσαν, κατέπνιξαν, προσέβαλαν ή απλά εκείνοι που με κάποιο τρόπο διαιώνισαν την κατάσταση, αποδεχόμενοι την κατάσταση και κάνοντάς με να νιώθω ένοχη γι' αυτήν. Δεν ξέρω καν αν έτσι συγχωρείς τους άλλους! Κι εγώ ακόμα μαθαίνω!

Όσο για τη λογική μου, νομίζω ότι προσπαθώ πολύ σκληρά να αποδείξω σε όσους δεν ενδιαφέρονται ότι είμαι λογική. Και τώρα, κατά καιρούς, έχω αναγνώστες που γράφουν στα σχόλιά τους ότι είμαι τρελή. Το ίδιο πράγμα έχει συμβεί σε διάφορες θρησκευτικές ομάδες, αν και έμμεσα.

Μερικές φορές αναρωτιέμαι πώς έχω την υπομονή να αντιμετωπίζω τέτοια ανόητη συμπεριφορά, αλλά ίσως είμαι πολύ μεγάλος για να με νοιάζει.

Το απίστευτο σε αυτή την υποκρισία είναι ότι οι ίδιοι άνθρωποι που παριστάνουν ότι είμαι τρελός μου ζητούν τη γνώμη μου για το πώς να βελτιωθούν. Υπάρχουν πολλοί άνθρωποι που διαβάζουν και χρησιμοποιούν τα βιβλία μου και δεν αναφέρουν ποτέ το όνομά μου στις κοινότητές τους. Πίσω από την πλάτη μου, λένε στους άλλους ότι είμαι τρελός, ενώ χτίζουν τις ομιλίες τους πάνω σε αυτά που γράφω. Έχω δει πολλά από αυτά!

Λογικότητα; Όσο περισσότερο την έψαχνα, τόσο περισσότερο ανακάλυπτα ότι ο κόσμος ήταν απίστευτα τρελός!

Έπρεπε να κλείσω άλλον έναν κύκλο, αυτή τη φορά σχετικό με το να αποδείξω στους άλλους ότι είμαι λογικός, αλλά δεν νομίζω ότι αυτό θα συμβεί ποτέ. Όσο μεγαλύτερη είναι η λογική μου, τόσο μεγαλύτερες είναι οι προσβολές! Απλώς, έχω περάσει πολλά, συμπεριλαμβανομένων των μαθημάτων θεραπείας και των μυήσεων για να γίνω θεραπευτής, επειδή, φανταστείτε, μου είπαν ότι είχα μια φυσική ικανότητα να γίνω καλός θεραπευτής. Πολλοί άνθρωποι μου το είπαν αυτό, ακόμη και στο πανεπιστήμιο, αλλά ποτέ δεν είχα την υπομονή!

Μερικές φορές αναρωτιέμαι πώς έγινα συγγραφέας, γιατί δεν μου αρέσει: να κάθομαι μπροστά σε ένα λάπτοπ και να γράφω στον εαυτό μου - ουσιαστικά να συμπεριφέρομαι σαν τρελός, ακόμα περισσότερο από πριν, γιατί είναι σαν να μιλάω στον εαυτό μου όλη μέρα - και μετά να με θεωρούν τρελό επειδή έγραψα όλα αυτά τα βιβλία. Είναι άδικο!

Δεν νομίζω ότι ο κόσμος νοιάζεται για το τι κάνει στους ανθρώπους! Ωστόσο, οι πολλοί κύκλοι που μου παρουσιάστηκαν ως προκλήσεις έκλεισαν στην ψυχή μου και έμαθα να εμπιστεύομαι τον εαυτό μου. Μάλλον ακόμα μαθαίνω, γιατί ανατράφηκα και διδάχτηκα να αμφισβητώ τον εαυτό μου, τις σκέψεις μου, τις πράξεις μου, τα πάντα σχετικά με την ύπαρξή μου, αλλά όταν μια πληγή μένει ανοιχτή για πολύ καιρό, απλά γίνεται μέρος του εαυτού σου και δεν σε νοιάζει πια.

Ίσως γι' αυτό, όταν κάποιος με προσβάλλει, δεν ξέρω αν πρέπει να τον χτυπήσω στο πρόσωπο, να τον προσβάλω κι εγώ, να του φωνάξω ή απλώς να πάρω έναν υπνάκο. Ο εγκέφαλός μου κάνει κύκλους, επειδή δεν μου έμαθαν ποτέ μια ταυτότητα. Επίσης, δεν έμαθα ποτέ να βλέπω τους ηλίθιους ανθρώπους σαν να είναι φυσιολογικοί, όπως κάνουν πολλοί άνθρωποι. Απλώς δεν είχα ποτέ την ευκαιρία να ασχοληθώ με ηλίθιους ανθρώπους και να προσποιηθώ ότι είναι φυσιολογικοί.

Αυτή η δεξιότητα είναι εξαιρετική για την εξερεύνηση και την προσαρμογή - σας κάνει ευέλικτους και γρήγορους στην προσαρμογή στη ζωή, αλλά σας κάνει επίσης ανήσυχους για τη ζωή γενικά. Και ηρεμώ το μυαλό μου όταν γράφω. Έτσι, δεν νομίζω ότι μπορώ να το σταματήσω, αλλά μπορώ να πω περισσότερα για αυτό που παρατηρώ.

Κάθε φορά που μια φίλη με ωθεί στα όρια, προτιμώ να τελειώσω τη σχέση παρά να σταματήσω να γράφω. Όταν τελείωσε η τελευταία μου σχέση, συνέχισα να γράφω ενώ εκείνη μάζευε τα πράγματά της και έφευγε από το σπίτι.

Οι άνθρωποι ζουν τη ζωή τους σαν άχρηστα πλάσματα, χωρίς να εκτιμούν όσα κάνουν οι άλλοι γι' αυτούς, και σιχαίνομαι να σπαταλάω τον χρόνο μου γι' αυτούς. Όσο περισσότερο γράφω, τόσο λιγότερο με ενδιαφέρουν οι άχρηστοι άνθρωποι. Αλλά δεν είναι μόνο το γράψιμο σημαντικό για μένα, αλλά και το διάβασμα, η συζήτηση με τους αναγνώστες μου και η ανάλυση πληροφοριών γενικότερα. Οι περισσότεροι άνθρωποι δεν είναι ενδιαφέροντες ούτε καν για μια υγιή συζήτηση.

Τα ταξίδια δεν προσθέτουν πολλά. Στην πραγματικότητα, είναι απλώς ένα μπόνους επειδή αγαπώ το διάβασμα και αυτό που μου έλειπε περισσότερο πριν ήταν ο χρόνος για να διαβάσω. Αλλά το αισθάνομαι επίσης ως ένα είδος πληρωμής από τον Θεό για ό,τι κάνω στην υπηρεσία Του.

Δεν θα μπορούσα να είμαι πιο τρελή για εκείνους που θα ήθελαν να με κάνουν να πιστέψω ότι είμαι τρελή, αλλά κάθε ψυχολόγος ξέρει ότι είμαι πολύ πιο λογική απ' ό,τι περιμένουν από έναν άνθρωπο, οπότε η λογική είναι σίγουρα σημαντική, αλλά νομίζω ότι είναι ένας κύκλος και δεν θα ένιωθα πλήρης χωρίς να δημοσιεύω τα λόγια μου. Αν όλος ο κόσμος επέκρινε τα γραπτά μου και δεν άρεσαν σε κανέναν, μάλλον θα μου άρεσαν και πάλι.

Η κατάσταση αυτή μου θυμίζει όταν έλεγα αστεία στην τάξη και οι μαθητές μου δεν καταλάβαιναν γιατί γελούσα. Θα βαριόμουν τον εαυτό μου αν δεν μπορούσα να κάνω τον εαυτό μου να γελάσει. Όταν μου έλεγαν ότι δεν καταλάβαιναν κάποια από τα αστεία μου, απαντούσα: «Δεν με νοιάζει».

Κεφάλαιο 18: Αξιοποίηση της συλλογικής συνείδησης

Γ ια μεγάλο χρονικό διάστημα αμφισβητούσα τις γνώσεις μου για διάφορους λόγους, μέχρι που παραδόθηκα στα στοιχεία και άρχισα να τα εφαρμόζω. Αν και δεν μπορώ να αποδείξω στην πραγματικότητα ότι έχω εξωγήινη γνώση, μπορώ να αποδείξω ότι αυτό που γνωρίζω δεν είναι γνωστό σε αυτόν τον πλανήτη, και όμως είναι αποτελεσματικό στην επίλυση διαφόρων προβλημάτων. Υποθέτω ότι έτσι αποδεικνύεται η αλήθεια μιας υπόθεσης, με βάση την αρχή της επιστήμης. Δεν με ενδιαφέρει να κάνω εικασίες για εμφανίσεις και όλα αυτά τα πράγματα της Νέας Εποχής που μοιάζουν να έχουν βγει από ένα έπος του Πολέμου των Άστρων.

Πιστεύω ότι κοιτάζοντας προς το μέλλον -τις διάφορες δυνατότητες- μπορούμε να κατανοήσουμε καλύτερα το παρόν και το παρελθόν, και αυτή ήταν η πρόθεσή μου με πολλά από τα βιβλία μου. Έχω όμως μια φυσική τάση να βλέπω τα πράγματα σε ένα φάσμα, οπότε ακόμη και όταν μιλάω για τον εαυτό μου (πράγμα που πολλοί άνθρωποι θεωρούν ότι είναι ναρκισσιστικό), χρησιμοποιώ κυριολεκτικά τον εαυτό μου ως σημείο αναφοράς μέσα σε ένα φάσμα δυνατοτήτων, στο χρόνο και στο χώρο. Νομίζω ότι είναι ευκολότερο να διδάξεις ένα θέμα με αυτόν τον τρόπο, τόσο από παιδαγωγική άποψη όσο και από την άποψη του συγγραφέα. Τα υπόλοιπα εξαρτώνται από την ικανότητα του μαθητή να αποκεντρώνει και να αφομοιώνει τα μαθήματα, αντί να παλεύει στο μυαλό του για το τι είναι σωστό και τι λάθος.

Έχω διαπιστώσει ότι οι περισσότεροι άνθρωποι δεν μπορούν να το κάνουν αυτό, κολλάνε στον συναισθηματικό αντίκτυπο των λέξεων και όχι στο νόημα και το περιεχόμενό τους, αλλά όλα τα βιβλία μου αφορούν σε μεγάλο βαθμό τη συλλογική συνείδηση, επειδή η πρόθεσή μου είναι να κάνω τους ανθρώπους να εκλογικεύσουν πέρα από τις αισθήσεις τους και την ταυτότητα ή το εγώ τους - να δουν τα πάντα ως συλλογικότητα. Πραγματικά πιστεύω ότι το χειρότερο πρόβλημα που έχουμε σήμερα στον κόσμο είναι ο διχασμός, που διατυπώνεται γύρω από τις διακρίσεις, τον ρατσισμό, την ξενοφοβία και τη μικροπρέπεια.

Το αντίθετο, η συλλογική συνείδηση, ξεκινά με τη συμπόνια και την ενσυναίσθηση. Και αυτά τα στοιχεία πρέπει να προέλθουν από τη μεταρρύθμιση της δικής μας εκπαίδευσης και του τρόπου με τον οποίο βλέπουμε τον κόσμο, πράγμα που σημαίνει επανεξέταση των αξιών και των πεποιθήσεών μας.

Για μένα, δεν έχει σημασία αν μιλάω για εξωγήινους ή για μυρμήγκια, γιατί προσεγγίζω το ίδιο πράγμα από πολλές διαφορετικές οπτικές γωνίες. Κάνω ό,τι καλύτερο μπορώ, αναγνωρίζοντας ότι μπορεί να υπάρχουν υπερβολές ή λάθη στα βιβλία που δεν έχω προσέξει.

Μπορούμε μόνο να κάνουμε ό,τι καλύτερο μπορούμε, επειδή το ανθρώπινο μυαλό δεν έχει σχεδιαστεί για να είναι τέλειο.

Είναι πιο εύκολο να είσαι καλλιτέχνης με μια απρογραμμάτιστη πιτσιλιά μπογιάς εδώ κι εκεί από το να προσπαθείς να αντιγράψεις ένα ρομπότ, αλλά πολλοί δεν το καταλαβαίνουν αυτό, δεν βλέπουν ότι η αξία κάθε μορφής τέχνης είναι στη στιγμή, όχι στη μονιμότητα της στιγμής, είναι σε αυτό που έχει δει και αισθανθεί, το οποίο, φυσικά, μπορεί να ερμηνευτεί από διαφορετικές οπτικές γωνίες, αλλά δεν είναι μόνιμα στάσιμο.

Ως άνθρωποι πρέπει να είμαστε δυναμικοί, πράγμα που δεν σημαίνει ότι πρέπει να παραμελούμε τις προσωπικές μας εμπειρίες και το πώς μας επηρεάζουν. Στην πραγματικότητα, υπάρχουν μεγαλύτερες δυνατότητες να ξεπεράσουμε αυτά που βιώνουμε και το πώς μας επηρεάζουν αρνητικά, αν μπορούμε να τα αντιμετωπίσουμε και να μιλήσουμε γι' αυτά. Δεν υπάρχει τίποτα αφύσικο ή τρελό σε κάποιον που μπορεί να μιλήσει ανοιχτά για τον εαυτό του και τα τραύματα ή τα προβλήματα του παρελθόντος.

Όπως γνωρίζει κάθε επαγγελματίας ψυχικής υγείας, το πραγματικό πρόβλημα είναι εκείνοι που δεν θέλουν να μιλήσουν για τον εαυτό τους ή, όπως λένε πολλοί από αυτούς, δεν είναι οι ψυχικά ασθενείς που πηγαίνουν στον ψυχολόγο, αλλά εκείνοι που είναι αρκετά υγιείς για να περιγράψουν τον εαυτό τους και τα προβλήματά τους.

Κεφάλαιο 19: Βρίσκοντας την κανονικότητα

Κάθε μέρος που πηγαίνουμε και κάθε εμπειρία που έχουμε μας δείχνει μια νέα πλευρά της ζωής, μια νέα προοπτική που δεν θα είχαμε ποτέ αλλιώς. Ως συγγραφέας που ταξιδεύει, γι' αυτό ζω. Μου αρέσει να εξερευνώ νέους πολιτισμούς, να γνωρίζω νέους ανθρώπους και να μαθαίνω για τον κόσμο γύρω μου. Όμως, όσο κι αν αγαπώ τα ταξίδια, μπορεί επίσης να είναι και πρόκληση. Κάθε νέο μέρος φέρνει μαζί του νέες προκλήσεις και εμπόδια που πρέπει να ξεπεράσω. Μπορεί να είναι δύσκολο να πλοηγηθείς σε μια νέα πόλη, να βρεις τον δρόμο σου και να προσαρμοστείς σε έναν νέο τρόπο ζωής. Μπορεί επίσης να είναι πρόκληση να ανοίξετε το μυαλό και την καρδιά σας σε νέες εμπειρίες, να είστε υπομονετικοί με αυτό που παρατηρείτε. Για μένα, αυτό που αναζητώ πάντα είναι η ειρήνη. Μπορεί να ακούγεται σαν κλισέ, αλλά είναι αλήθεια. Καθώς ταξίδεψα σε όλο τον κόσμο και γνώρισα νέους πολιτισμούς, συνειδητοποίησα ότι η έννοια της ειρήνης έχει αλλάξει πολύ με την πάροδο του χρόνου. Δεν είναι πλέον μόνο να βρεις ένα ήσυχο μέρος για να διαλογιστείς ή να χαλαρώσεις. Έχει να κάνει με την εύρεση μιας αίσθησης του ανήκειν, μιας αίσθησης σύνδεσης με τον κόσμο γύρω μου. Και εδώ είναι που τα πράγματα γίνονται δύσκολα, γιατί όσο κι αν μου αρέσουν τα ταξίδια και η γνωριμία με νέους πολιτισμούς, συχνά νιώθω ότι δεν ανήκω πουθενά. Γεννήθηκα στην Ευρώπη, αλλά δεν αισθάνομαι ότι ανήκω εκεί. Δεν μιλάω για γαλαξίες ή κάτι τέτοιο. Μιλάω για την καλοσύνη και τη συμπόνια. Νομίζω ότι αυτές οι αξίες μερικές φορές λείπουν από την Ευρώπη, τουλάχιστον κατά τη δική μου εμπειρία.

Οι άνθρωποι μπορεί να είναι κλειστοί, απόμακροι και μερικές φορές εντελώς αγενείς. Αλλά όταν έζησα στην Κίνα, ένιωθα ότι ήμουν μέρος κάποιου πράγματος. Παρόλο που δεν έμοιαζα Κινέζα, ένιωθα ότι με αποδέχονταν ως μία από αυτούς. Μου άρεσε ο τρόπος με τον οποίο σκέφτονταν, επικοινωνούσαν και μοιράζονταν τα πάντα. Αγαπούσα την αίσθηση του χιούμορ τους, το πώς ήθελαν να δουν τους φίλους τους να πετυχαίνουν στη ζωή και το πώς αμφισβητούσαν τα πάντα. Ναι, μπορεί να έχουν μια ασθένεια που λέγεται κομμουνισμός, αλλά αν κοιτάξετε πέρα από αυτό, θα δείτε ότι έχουν πολλές εξαιρετικές αξίες και παραδόσεις που τους κάνουν ξεχωριστούς. Και δεν είναι μόνο η Κίνα. Ένιωσα την ίδια σύνδεση με τους Κορεάτες, τους Φιλιππινέζους και πολλούς άλλους ασιατικούς λαούς.

Ίσως φταίω εγώ, ίσως φταίει ο τρόπος που είμαι, αλλά νιώθω έλξη για αυτούς τους πολιτισμούς και αυτούς τους ανθρώπους. Με κάνουν να αισθάνομαι ζωντανός, μου δίνουν μια αίσθηση σκοπού.Η Ευρώπη, από την άλλη πλευρά, μου φαίνεται σαν μια χώρα φαντασμάτων: άνθρωποι κολλημένοι στο χρόνο, που κάνουν κύκλους, ρουφώντας την ενέργεια των άλλων. Μερικές φορές νιώθω ότι πνίγομαι στην αρνητικότητα, τις ψευδαισθήσεις και τις απογοητεύσεις των άλλων.

Προσπαθώ να εστιάζω στο θετικό, να βρίσκω το καλό σε κάθε κατάσταση. Αλλά πρέπει επίσης να είμαι ειλικρινής με αυτό που βλέπω. Δεν μπορώ απλώς να αγνοώ τις αρνητικές πτυχές μιας κουλτούρας ή μιας κοινωνίας. Πρέπει να γράψω για αυτά που βλέπω, προκειμένου να προχωρήσω μπροστά στο μυαλό μου. Διαφορετικά, αισθάνομαι σαν να έχω κολλήσει, ακριβώς όπως αυτοί. Υπάρχουν ακόμα πολλά που θέλω να κάνω στη ζωή μου, οπότε το τελευταίο πράγμα που θέλω είναι να μετατραπώ σε έναν πικρόχολο, θυμωμένο καλικάντζαρο, όπως τόσοι άλλοι που έχω δει στην Ευρώπη. Ξέρω ότι ο θυμός και η δημιουργικότητα δεν πάνε πολύ καλά μαζί. Αν έχω μάθει κάτι θετικό τα τελευταία χρόνια, είναι ότι η αγάπη είναι η πραγματική πηγή ενέργειας. Δεν μπορούσα να το δω πριν, επειδή είχα εκπαιδευτεί να μην το βλέπω, αλλά τώρα συνειδητοποιώ ότι η αγάπη είναι αυτή που μου δίνει την ενέργεια και το κίνητρο να συνεχίσω.

Όπως βλέπω τα χρήματα ως μέσο για να αποκτήσω περισσότερη ελευθερία, έτσι βλέπω την αγάπη ως πηγή ενέργειας για να πετύχω περισσότερα. Συνειδητοποιήστε λοιπόν ότι συχνά δεν υπάρχει τίποτα κακό σε αυτό που κάνετε, επειδή ίσως απλώς βρίσκεστε στη λάθος χώρα. Για παράδειγμα, ένας φούρναρης στην Κίνα μπορεί να είναι πολύ πλούσιος, αλλά η ίδια δουλειά στη Γαλλία θα τον αφήσει φτωχό. Επιπλέον, σε πολλά μέρη του κόσμου, η κοινωνία συνεχίζει να διαιρεί τους ανθρώπους με βάση την οικονομική κατάσταση, τη φυλή και τις πολιτισμικές διαφορές, συχνά τροφοδοτούμενη από βαθιά ριζωμένες προκαταλήψεις. Δυστυχώς, ο εγκέφαλος πολλών ανθρώπων είναι «παγωμένος», ανίκανος να κατανοήσει διαφορετικούς τρόπους ζωής, επιλογές και πολιτισμούς. Η κοινωνία διαμορφώνει τις σκέψεις και τις κρίσεις τους, οδηγώντας σε παρεξηγήσεις και παρερμηνείες που διαμορφώνουν αυτό που αντιλαμβανόμαστε ως πολιτισμική ταυτότητα. Οι άνθρωποι στη συνέχεια αισθάνονται πολύ άνετα με αυτή την ταυτότητα, με αποτέλεσμα να παραβλέπουν το γεγονός ότι είναι απολύτως ηλίθιοι.

Κεφάλαιο 20: Η αιώνια μελωδία

Αρχικά, άρχισα να γράφω βιβλία ως έναν τρόπο να βγάζω πληροφορίες από το μυαλό μου, επειδή συνειδητοποίησα ότι αυτές οι πληροφορίες δεν ήταν προσβάσιμες στον κόσμο. Αλλά αυτός είναι και ο λόγος για τον οποίο συνέχισα να γράφω.

Δεν έχω συναντήσει ποτέ κανέναν που να έχει την ίδια εμπειρία να έχει μέσα του βιβλία που δεν έχουν βρεθεί ακόμη στον κόσμο, αλλά τα οποία αισθάνεται υποχρεωμένος να μοιραστεί με άλλους. Αλλά σε αυτό το σημείο, το γράψιμο έχει γίνει μια φυσική προέκταση του εαυτού μου, και η έννοια της γραφής ή οι απόψεις των αναγνωστών δεν είναι πλέον σημαντικές. Για μένα, η ζωή μου, ο εαυτός μου και τα βιβλία μου είναι μέρος ενός ατελείωτου τραγουδιού, και όταν κάποιος μου λέει ότι του άρεσε ένα από τα βιβλία μου, είναι σαν να του άρεσε μια από τις νότες αυτού του τραγουδιού.Παρόλο που είμαι ένα άτομο που ασκεί κριτική στην κοινωνία, δεν είχα ποτέ την πρόθεση να εμποδίσω την πρόοδο κανενός. Πιστεύω ειλικρινά ότι ο καθένας μπορεί να πετύχει τα πάντα, αν ξεκινήσει με ενδοσκόπηση και ακούσει την καρδιά του. Αυτό το μονοπάτι είναι ανοιχτό σε όλους και, αν και κάποιοι μπορεί να προοδεύουν πιο γρήγορα από άλλους, αυτό είναι φυσικό. Στην πραγματικότητα, αν είχα πρόσβαση σε περισσότερους πόρους, απλά θα έκανα περισσότερα από τα ίδια με ταχύτερο ρυθμό. Ωστόσο, η στάση μου απέναντι στη ζωή με έχει οδηγήσει στο να εκτιμώ περισσότερο την υγεία και την ευημερία μου και να συνειδητοποιώ ότι η παραμέληση της υγείας μου είναι επιζήμια για την παραγωγικότητά μου.

Στην πορεία, έγινα χορτοφάγος για οκτώ χρόνια, κάτι που ήταν μια πρόκληση στην Ευρώπη λόγω της παραδοσιακής διατροφής. Ωστόσο, το σημαντικό δεν είναι να είσαι χορτοφάγος ή vegan, αλλά η πρακτική του να ακούς το σώμα σου και να τρως τις σωστές τροφές. Όταν ταξίδευα, ανακάλυψα ότι η προσαρμογή στην τοπική διατροφή οδηγεί σε καλύτερη διατροφή - στην Ελλάδα, για παράδειγμα, έτρωγα κυρίως λαχανικά, πατάτες και τυρί.Επιπλέον, το σώμα μας είναι μοναδικά εξοπλισμένο για να επεξεργάζεται ορισμένα είδη τροφίμων με βάση το DNA και την καταγωγή μας. Για μένα, που προέρχομαι από μεσογειακό υπόβαθρο, τα ψάρια και τα φρούτα είναι οι αγαπημένες μου επιλογές. Αλλά το να πείσω τους επαγγελματίες υγείας για τις καλύτερες πρακτικές υγείας είναι μια πρόκληση, ακόμη και όταν η ιατρική διάγνωση με δικαιώνει και έρχεται σε αντίθεση με τις καλύτερες προβλέψεις τους. Μεγάλο μέρος αυτής της διαφωνίας έχει να κάνει με την έλλειψη κατανόησης που βασίζεται στην ιστορία μας. Για παράδειγμα, μελετώντας τον τρόπο ζωής των προγόνων μας, μπορούμε να δούμε ότι οι φυσικές δίαιτες προάγουν καλύτερα δόντια και γενική ευεξία.Στον σημερινό κόσμο, μπορεί να είναι δύσκολο να διατηρήσουμε έναν υγιεινό τρόπο ζωής. Με τόσες πολλές χημικές ουσίες και βακτήρια στα τρόφιμά μας, μπορεί να φαίνεται ότι η τράπουλα είναι στοιβαγμένη εναντίον μας. Μπορώ όμως να πω με σιγουριά ότι υπάρχουν τρόποι για να αποτοξινώσετε το σώμα σας και να βελτιώσετε τη γενική σας υγεία. Για παράδειγμα, το τσάι τζίντζερ είναι μια εξαιρετική φυσική θεραπεία που μπορεί να ενισχύσει τα επίπεδα ενέργειάς σας. Και αν αναμείξετε το τζίντζερ με μέλι, δεν θα παρατηρήσετε καν τη γεύση του. Αλλά δεν είναι μόνο το τι βάζετε στο σώμα σας, είναι επίσης σημαντικό να εξετάζετε από πού προέρχεται η τροφή σας. Πολλά από τα λεγόμενα «φυσικά» προϊόντα που κυκλοφορούν στην αγορά κάθε άλλο παρά φυσικά είναι, ενώ ορισμένα προέρχονται ακόμη και από χώρες όπως η Κίνα, όπου η ρύπανση αποτελεί μεγάλο πρόβλημα.

Αυτές οι πτυχές θα έπρεπε να είναι προφανείς, αλλά λόγω της απληστίας πολλών εταιρειών, παραμένουν κρυφές. Το ίδιο ισχύει και για πολλούς εφευρέτες που έχουν ανακαλύψει θεραπείες για θανατηφόρες ασθένειες ανά τους αιώνες και οι οποίοι έχουν συστηματικά φιμωθεί, απειληθεί ή ακόμη και σκοτωθεί από ισχυρές εταιρείες που επωφελούνται από το να μας κρατούν ευάλωτους και ασυνείδητους. Αυτή η παγκόσμια πρακτική κρατά την ανθρωπότητα στο σκοτάδι και μας εμποδίζει να αξιοποιήσουμε πλήρως τις δυνατότητές μας σε αυτή τη σύγχρονη εποχή της παγκοσμιοποιημένης γνώσης και της καινοτομίας.

Κεφάλαιο 21: Η ψευδαίσθηση της αρετής

Αυτοί που έχουν τον μεγαλύτερο έλεγχο κρατούν τους άλλους υπό ασφυκτική κυριαρχία, οδηγώντας τους ακόμα περισσότερο στη φτώχεια. Και υπάρχει ένα ακόμη μεγαλύτερο σφάλμα όταν η φτώχεια παρουσιάζεται λανθασμένα ως αρετή. Γνωρίζουμε λοιπόν ότι η θρησκεία είναι οργανωμένη ενάντια στους ίδιους τους οπαδούς της! Αλλά δεν υπάρχει τίποτα ευγενές ή αξιοθαύμαστο στη φτώχεια. Η φτώχεια είναι κάτι που δεν πρέπει ποτέ να θεωρείται αρετή ή επιδίωξη. Το γεγονός είναι ότι όσο λιγότερα χρήματα έχουμε, τόσο περισσότερο έχουμε τον έλεγχο.

Όταν τα χρήματα στενεύουν, τείνουμε να κάνουμε ό,τι χρειάζεται για να διατηρήσουμε τη δουλειά μας - ακόμη και αν αυτό σημαίνει ότι πρέπει να κάνουμε κάτι ανήθικο. Οι δημοσιογράφοι, οι πολιτικοί, οι γιατροί, οι νοσοκόμες και οι αστυνομικοί υπόκεινται όλοι σε αυτή την ανάγκη να υπακούσουν ή να διακινδυνεύσουν να χάσουν τη δουλειά τους ή να τιμωρηθούν από τους ανωτέρους τους. Έχω δει ξένους που ζουν στην Κίνα να κάνουν ό,τι ζητούν οι αρχές μόνο και μόνο για να διατηρήσουν τη δουλειά τους και τους πόρους τους.

Είναι εύκολο να επικρίνεις τους κομμουνιστές, αλλά όταν έρχεται η ώρα, οι άνθρωποι σιωπούν για να κρατήσουν το φαγητό στο τραπέζι για τους ίδιους και τις οικογένειές τους. Δεν υπάρχει πίστη όταν απειλείται ο μισθός τους - οι ψυχές έχουν μια αφόρητα χαμηλή αξία που κρατάει τη συνωμοσία ζωντανή. Είναι εύκολο να προδώσεις, να ξεχάσεις ή να πουλήσεις κάποιον όταν η αξία του είναι τόσο ελάχιστη. Έχω δει πόσο εύκολα οι άνθρωποι ακολουθούν την εξουσία. Υπάρχει μια έμφυτη τάση για τους οπαδούς να υπακούουν σε όποιον είναι επικεφαλής.

Οι εταιρείες και οι κυβερνήσεις γνωρίζουν ότι αυτή η δυναμική λειτουργεί προς όφελός τους - γνωρίζουν ότι όσο ελέγχουν τη ροή του χρήματος και της πληροφορίας, μπορούν να μας κρατούν σε άγνοια για ζωτικά ζητήματα. Η λύση είναι τόσο απλή όσο και δύσκολη. Πρέπει να ενδυναμώσουμε τους εαυτούς μας και, ταυτόχρονα, να υποστηρίξουμε εκείνους που πολεμούν τη συνωμοσία. Πρέπει να γίνουμε οι δικές μας αρχές και να ανακτήσουμε τον έλεγχο της ζωής μας. Αλλά είναι απαραίτητο οι εταιρείες που επωφελούνται από την άγνοια και την εξάρτηση να μην λαμβάνουν πλέον οικονομική στήριξη από εμάς τους καταναλωτές. Μέχρι τότε, αυτοί που μας ελέγχουν θα μας ελέγχουν μέχρι να συνειδητοποιήσουμε τα σχέδιά τους και να αποφασίσουμε να αντισταθούμε μέσω της αυτογνωσίας, της αυτοεκπαίδευσης και της αποφασιστικότητας. Όλοι μας καθορίζουμε το μέλλον μας με το τι κάνουμε με αυτό.

Η πράξη της αποδοχής και του να πηγαίνουμε ενάντια στη ροή συχνά συγχέονται ως διαφορετικές, ενώ στην πραγματικότητα αυτές οι καταστάσεις καθορίζονται μόνο από την αιτιότητα. Για παράδειγμα, όταν έμαθα για πρώτη φορά ότι το υψηλότερο πνευματικό επίπεδο είναι η αποδοχή, μπερδεύτηκα. Πώς θα μπορούσε η αποδοχή να είναι το υψηλότερο επίπεδο; Δεν ήταν απλώς παραίτηση, αποδοχή της μοίρας;

Καθώς εμβαθύνω, άρχισα να καταλαβαίνω την πραγματική έννοια της αποδοχής - και πώς διαφέρει από το χαμηλότερο επίπεδο της απάθειας. Στο υψηλότερο επίπεδο, αποδοχή σημαίνει να αναγνωρίζεις ότι δεν είσαι απλώς ένα μέρος της πραγματικότητας, αλλά ένας παράγοντας της πραγματικότητας. Είστε υπεύθυνοι για ό,τι σας συμβαίνει - όχι με τρόπο που μεταθέτει την ευθύνη, αλλά με τρόπο που αναγνωρίζει τη δύναμή σας να δημιουργείτε τον κόσμο γύρω σας. Δεν έχει να κάνει απαραίτητα με το να ξέρεις πώς να το κάνεις, αλλά με το να αποδέχεσαι ότι το κάνεις. Το χαμηλότερο επίπεδο, από την άλλη πλευρά, χαρακτηρίζεται από έλλειψη ενεργητικότητας. Οι άνθρωποι σε αυτό το επίπεδο πιστεύουν ότι είναι θύματα του κόσμου γύρω τους και ότι δεν μπορούν να τον επηρεάσουν με κανένα σημαντικό τρόπο. Μπορεί να κατηγορούν εξωτερικούς παράγοντες, όπως μια ανώτερη δύναμη, κακή τύχη ή άλλους ανθρώπους, για την τύχη τους στη ζωή. Επιπλέον, οι άνθρωποι στο χαμηλότερο επίπεδο τείνουν να προβάλλουν την κοσμοθεωρία τους στους άλλους. Υποθέτουν ότι όλοι σκέφτονται με τον ίδιο τρόπο με αυτούς και μπορεί να δυσανασχετούν με όσους φαίνονται πιο τυχεροί ή πιο επιτυχημένοι, επειδή αυτοί οι άνθρωποι ενισχύουν την πεποίθησή τους ότι είναι ανίσχυροι.

Αυτή είναι η κατάσταση των περισσότερων ανθρώπων στην κοινωνία μας. Φορούν κοινωνικές μάσκες για να κρύψουν την εσωτερική τους ταραχή, ταλαντευόμενοι μεταξύ απόγνωσης και ψύχωσης. Στη συνέχεια μπορεί να επιτεθούν σε λάθος στόχους με απογοήτευση ή απλώς να τα παρατήσουν εντελώς.

Η άνοδος στο υψηλότερο πνευματικό επίπεδο μπορεί να αλλάξει τα πάντα. Αναγνωρίζοντας την ικανότητά μας να δημιουργούμε την πραγματικότητα και βιώνοντας το χάσμα μεταξύ των διαφορετικών πραγματικοτήτων, μπορούμε να αυξήσουμε τη συνείδησή μας και να νιώσουμε πραγματικά ζωντανοί. Αυτό μπορεί επίσης να οδηγήσει σε αντίσταση από τους ανθρώπους γύρω μας, οι οποίοι αισθάνονται ότι απειλούνται από τις νέες μας ικανότητες και μας σπρώχνουν πίσω στο επίπεδό τους. Αυτό συμβαίνει επειδή ο κόσμος είναι γεμάτος από ψυχικά άρρωστα άτομα που δεν θέλουν τίποτα περισσότερο από το να μας κάνουν να επαναλαμβάνουμε τα μοτίβα τους και να παραμένουμε στις περιορισμένες κοσμοθεωρίες τους. Πρέπει να είμαστε αρκετά γενναίοι για να το απορρίψουμε αυτό και να διεκδικήσουμε τη δύναμή μας να δημιουργούμε και να συνειδητοποιούμε. Κάνοντάς το αυτό, θα υπάρξουν αναπόφευκτα εκείνοι που θα μας μισήσουν γι' αυτό, αλλά αυτό χρησιμεύει μόνο ως υπενθύμιση ότι το σκοτάδι πάντα μισεί το φως.

Αυτή η αποδοχή δεν σημαίνει ότι παραιτούμαστε, αλλά ότι αναγνωρίζουμε τη δύναμη που έχουμε να διαμορφώνουμε τη ζωή μας και τον κόσμο γύρω μας. Αυτή η στάση θα μας οδηγήσει σε μια υψηλότερη συνείδηση, επειδή θα έχουμε καλύτερη κατανόηση του πώς αυτή επεκτείνεται και πόσο μακριά μπορούν να φτάσουν οι δικές μας δυνατότητες ως ανθρώπινα όντα. Αλλά για να το κατανοήσετε πλήρως, πρέπει να αφήσετε αυτά που νομίζετε ότι γνωρίζετε και να είστε ανοιχτοί στο να μάθετε κάτι καινούργιο. Οι εμπειρίες της ζωής μου μού έχουν δείξει πόσο μακριά μπορούμε να φτάσουμε αν είμαστε σε θέση να αναμορφώσουμε την προοπτική μας, αν και τα παιδιά φαίνεται να έχουν μεγαλύτερη ικανότητα να το κάνουν αυτό από ό,τι οι ενήλικες.

Δουλεύοντας με παιδιά με μαθησιακές δυσκολίες, ανακάλυψα ότι είναι δυνατόν να αναδομήσουμε τον εγκέφαλο των παιδιών έτσι ώστε να λειτουργήσει διαφορετικά και να ξυπνήσει η ιδιοφυΐα που κρύβουν μέσα τους. Δεν πρόκειται για διανοητικές δραστηριότητες, αλλά για τη χρήση της επίγνωσης για την αύξηση της κατανόησης. Το πρόβλημα είναι ότι όσοι δεν είναι έτοιμοι για αλλαγή συχνά αντιδρούν αμυντικά, οδηγώντας σε έλλειψη επίγνωσης, και αυτό είναι ένα είδος αντίστασης που συναντάμε συνήθως στους εφήβους και τους ενήλικες, επειδή έχουν διαμορφώσει μια ταυτότητα που είναι συνυφασμένη με εκείνη που τους έχει επιβληθεί μέσω της διαδικασίας κοινωνικοποίησης.

Στην ουσία, αυτό που μας κάνει συμπονετικούς υπονομεύει επίσης τη δυνατότητά μας να ανακαλύψουμε τις πραγματικές μας δυνατότητες, σαν να έχει χειραγωγηθεί η προσωπικότητά μας από τις συναισθηματικές μας προσκολλήσεις. Δεν αποτελεί έκπληξη, επομένως, το γεγονός ότι βλέπουμε εκείνους που δυσκολεύονται να σχηματίσουν ομαδικές σχέσεις ή να αποδεχθούν το status quo που τους επιβάλλει η κοινωνία να καταλήγουν να υψώνονται πάνω από όλους τους άλλους στη σκάλα τους για να κατακτήσουν τις εγγενείς τους ιδιότητες ή τα καλύτερα συμφέροντα, είτε στις τέχνες είτε στις επιχειρήσεις.

Κεφάλαιο 22: Βρίσκοντας παρηγοριά στην πίστη

Η ζωή μπορεί να είναι ένα ταξίδι γεμάτο σκαμπανεβάσματα, και μπορεί να νιώθουμε ότι είμαστε μόνοι στους αγώνες μας, αλλά η αλήθεια είναι ότι πολλοί από εμάς μοιραζόμαστε παρόμοιες εμπειρίες και είναι παρήγορο να ξέρουμε ότι δεν είμαστε μόνοι. Μπορώ να συμπάσχω με όσους αισθάνονται απομονωμένοι λόγω των πεποιθήσεών τους, αλλά πρέπει επίσης να τους πω ότι αυτό είναι το αποτέλεσμα ενός κοινωνικού παραδείγματος που μπορεί να πάρει χρόνο για να ξετυλιχτεί.

Ζούμε σε έναν κόσμο όπου η άγνοια φαίνεται να είναι ο κανόνας και όσοι έχουν διαφορετικές απόψεις συχνά γελοιοποιούνται και εξοστρακίζονται. Ωστόσο, η ιστορία μάς δείχνει ότι υπάρχει εξέλιξη στον τρόπο σκέψης και ότι οι μειοψηφικές απόψεις του σήμερα μπορούν να γίνουν οι απόψεις της πλειοψηφίας του αύριο.

Πολλοί επιτυχημένοι άνθρωποι ξεκίνησαν μόνοι τους και πέρασαν μέσα από πόνο, χλευασμό και απώλειες προτού επιτύχουν την επιτυχία. Σήμερα θεωρούνται πρότυπα και μπορούμε να μάθουμε από αυτούς ότι η επιμονή και η αποφασιστικότητα μπορούν να μας οδηγήσουν σε ένα καλύτερο μέλλον.Αυτή τη στιγμή βρισκόμαστε σε μια φάση όπου η αδαής πλειοψηφία εξαλείφεται από τον κόσμο. Αυτό μπορεί να θεωρηθεί ως μια διαδικασία ανάληψης κατά την οποία ο πλανήτης εκπέμπει μια υψηλότερη ενέργεια και όσοι δεν θέλουν να είναι μέρος αυτής αυτοκτονούν για να ξεφύγουν σε μια ειδική κόλαση όπου αισθάνονται σαν στο σπίτι τους. Όταν αυτό το 80% εξαφανιστεί, το υπόλοιπο 20% θα είναι το νέο 100% και θα μπορέσουμε να δούμε έναν κόσμο στον οποίο οι άνθρωποι θα είναι πιο ευγενικοί μεταξύ τους, θα βλέπουν ο ένας τον άλλον ως σύνολο και όχι χωριστά και θα χρησιμοποιούν την τεχνολογία για να βελτιώσουν την ύπαρξή τους αντί να τη χρησιμοποιούν ως μέσο καταπίεσης. Αυτός ο προηγμένος πολιτισμός θα μπορούσε να περιλαμβάνει τη χρήση μηχανών με τεχνητή νοημοσύνη για να οδηγούν τα αυτοκίνητά μας, να εργάζονται για εμάς, να συγκεντρώνουν τα τρόφιμά μας και να δημιουργούν καθαρές πηγές ενέργειας.

Αυτή είναι μια αντίληψη που έχουν βρει οι ελίτ, αλλά με στρεβλό τρόπο. Ένας καλύτερος κόσμος θα σήμαινε περισσότερο χρόνο για τους καλλιτέχνες, τον ελεύθερο χρόνο και την επιστήμη προς όφελος της κοινωνίας, όχι μόνο των μεγάλων εταιρειών. Η δημιουργία ενός καλύτερου κόσμου μπορεί να μην είναι εύκολη, αλλά είναι εφικτή. Θα ήταν σαν να μετακινούμαστε 10.000 χρόνια μπροστά στο χρόνο, περιτριγυρισμένοι από απίστευτους ανθρώπους που μοιράζονται παρόμοιους στόχους για να βελτιώσουν τη δική τους ζωή. Αυτός ο στόχος μπορεί να επιτευχθεί με την εξεύρεση ομοϊδεατών εταίρων που μοιράζονται τις ίδιες αξίες και πεποιθήσεις.

Επομένως, είναι σημαντικό για ένα άτομο να ανακαλύψει τις πεποιθήσεις που μας έχουν ενσταλαχθεί και να αμφισβητήσει την εγκυρότητά τους. Συχνά, αυτό που φαίνεται βιβλικό και κερδίζει την έγκριση των θρησκευόμενων φίλων μπορεί να μην είναι η σωστή πεποίθηση. Η πίστη μας στον Θεό δεν πρέπει να αποτελεί κάλυψη για να μην αντιμετωπίζουμε τα προβλήματα και πρέπει να έχουμε το θάρρος να τα αντιμετωπίζουμε με μια νέα προοπτική.Εν τω μεταξύ, αν και η αλλαγή μπορεί να είναι τρομακτική, θα είστε καλύτερα προετοιμασμένοι γι' αυτήν αν αγοράσετε ένα σκάφος ή ένα σπίτι στη μέση του θάμνου, μακριά από τις μεγάλες πόλεις και κωμοπόλεις, και δημιουργήσετε ένα περιβάλλον αυτάρκειας για τον εαυτό σας και την οικογένειά σας. Είναι επίσης σημαντικό να αποκτήσετε οικονομική παιδεία, καθώς αυτή είναι μια από τις πιο κρίσιμες πτυχές της ζωής σε περιόδους κοινωνικών αλλαγών.Μπορεί να αντιμετωπίσουμε κριτική και απόρριψη για τις πεποιθήσεις ή τις πράξεις μας, αλλά είναι σημαντικό να αποδεχτούμε ότι όσοι προσαρμόζονται σε μεγάλες αλλαγές σπάνια είναι ευνοϊκοί στα μάτια εκείνων που δεν μπορούν καν να τις δουν. Αν μπορούμε να πάρουμε ένα μάθημα από τη βιβλική ιστορία του Νώε, αυτό είναι ότι όλοι γελούσαν μέχρι που άρχισε να βρέχει, και τότε ήταν πολύ αργά. Μας διδάσκει ότι μπορούμε να βρούμε παρηγοριά στην πίστη και να δημιουργήσουμε ένα καλύτερο μέλλον αν είμαστε ανοιχτόμυαλοι, παίρνουμε ρίσκα και έχουμε το θάρρος να επαναπροσδιορίσουμε τις πεποιθήσεις μας.

Κεφάλαιο 23:
Οι περίπλοκοι μηχανισμοί της ζωής

Η πραγματικότητα και η συνείδηση είναι δύο θεμελιώδεις έννοιες που ξεπερνούν κατά πολύ τη μέση κατανόηση. Δεν λειτουργούν σε μια γραμμική πτυχή, αλλά μάλλον με σφαιρικό και πολύπλευρο τρόπο. Οι δύο αυτές έννοιες είναι πολύπλοκες και υπάρχουν πολλές πτυχές που συνθέτουν την κατανόησή τους. Λειτουργούν σε διαφορετικά επίπεδα και η κατανόησή τους από εμάς μπορεί να διαφέρει σημαντικά.

Η προσπάθεια κατανόησης του σύμπαντος, του ήλιου και άλλων ουράνιων σωμάτων είναι ένα εξαιρετικό παράδειγμα του πώς διαφορετικοί άνθρωποι μπορούν να έχουν διαφορετικά επίπεδα κατανόησης της ίδιας έννοιας. Ένα άτομο μπορεί να την έχει μελετήσει μόνο στις επιφανειακές πτυχές της, ενώ ένα άλλο άτομο μπορεί να την έχει μελετήσει σε βάθος και να την έχει δει από διαφορετική οπτική γωνία. Αυτή η διαφορά προοπτικής μπορεί να επηρεάσει σημαντικά τη γνώση του κάθε ατόμου για το σύμπαν.

Η συνείδηση λειτουργεί ως μια «σφαίρα πολυπλοκότητας» που περικλείει τη ζωή μας. Είναι διαφορετική για κάθε άτομο και μπορεί να περιλαμβάνει διαφορετικές πηγές γνώσης, όπως η επαγγελματική εμπειρία, η έρευνα, το προσωπικό συμπέρασμα και οι αναμνήσεις από προηγούμενες ζωές σε άλλους πλανήτες. Ωστόσο, η συνείδηση δεν περιορίζεται σε αυτά που γνωρίζουμε, καθώς υπερβαίνει την ανθρώπινη αντίληψή μας. Μπορεί να είναι δύσκολο να εξηγηθεί, επειδή απαιτεί την ανάλυση μεγάλου όγκου πληροφοριών και την εξαγωγή κατάλληλων συμπερασμάτων.

Δυστυχώς, πολλοί άνθρωποι δεν καταφέρνουν να το κάνουν αυτό πολύ καλά, και η έρευνα μπορεί να γίνει μάλλον άσκοπη. Ακόμη και οι καθηγητές πανεπιστημίου δεν γνωρίζουν πάντα πώς να κάνουν καλή έρευνα. Συχνά μιλούν για «μεταβλητές» που είναι δύσκολο να ελεγχθούν και στη συνέχεια επικεντρώνονται στις εργασίες άλλων ανθρώπων αντί για τις δικές τους.

Τα ιδιωτικά ιδρύματα τείνουν να χρηματοδοτούν τις πιο καινοτόμες έρευνες που ευνοούν τις δικές τους ατζέντες, γι' αυτό και οι ψυχολόγοι καταλήγουν να εργάζονται σε ιδιωτικές εταιρείες. Ως αποτέλεσμα, μεγάλο μέρος της έρευνας περιστρέφεται γύρω από τη μελέτη του ελέγχου του νου σε μεγάλες ομάδες.

Η συνειδητοποίηση ότι τα ιδιωτικά ιδρύματα χρηματοδοτούν το μεγαλύτερο μέρος της πρωτοποριακής έρευνας δείχνει, με πολλούς τρόπους, πώς οι άνθρωποι έχουν το κεφάλι τους μέσα σε ένα κουτί και δεν βλέπουν τη μεγαλύτερη εικόνα.

Παρ' όλα αυτά, μπορούμε να υποθέσουμε ότι υπάρχει ένα συγκεκριμένο παράδειγμα στη συνείδηση που, όταν το γνωρίζουμε, μας επιτρέπει να προβλέψουμε τα πάντα και να κοιτάξουμε ακόμη και στο παρελθόν για να κατανοήσουμε τις σκέψεις και να προβλέψουμε τα μελλοντικά γεγονότα. Αυτό είναι μέρος της συνείδησης, το να μπορούμε να πηγαίνουμε πίσω και μπροστά στο χρόνο και να κάνουμε ακριβείς αναλύσεις και προβλέψεις που κανείς άλλος δεν μπορεί να κάνει.

Ένα καλό παράδειγμα αυτού είναι η συγγραφή αυτών των βιβλίων. Αν και μοιράζονται τις προσωπικές μου σκέψεις, ο στόχος είναι να βοηθήσουν τους ανθρώπους με διάφορους τρόπους, από την εύρεση καλύτερης εργασίας μέχρι τη σωτηρία της ζωής τους από αυτοκτονικές σκέψεις, άγχος και ακόμη και σχιζοφρένεια.

Οι ιστορίες των αναγνωστών ξεπερνούν αυτό που μπορώ να προβλέψω, επειδή δεν μπορώ να ελέγξω τα αποτελέσματα των βιβλίων. Αλλά συσχετίζονται σε ένα φάσμα που ευθυγραμμίζεται με πολλούς τρόπους. Είναι σαν να διαβάζεις έναν κώδικα που επεκτείνει ένα θέμα και σου επιτρέπει να το μεταφέρεις σε ένα άλλο πλαίσιο ή σε πολλά πλαίσια ταυτόχρονα. Έτσι, δεν χρειάζεται να δω κάτι για να ξέρω αν είναι ευθυγραμμισμένο με τον κώδικα που ερμηνεύω. Μπορώ να σώσω ζωές χωρίς καν να γνωρίζω ποιες ζωές σώζω.

Υπάρχουν πολλά πράγματα που είναι πέρα από την κατανόησή μας και φιλτράρουμε τα πάντα με έννοιες και λέξεις, αλλά στην περίπτωσή μου, οι αναμνήσεις από προηγούμενες ζωές σε άλλους πλανήτες με βοήθησαν να κατανοήσω τον εαυτό μου από μια άλλη οπτική γωνία που είναι πέρα από αυτό που μπορεί να αφομοιώσει ο ανθρώπινος νους και όμως συνδέεται με αυτόν.

Όταν οι άνθρωποι ασχολούνται με το θέμα της εξωγήινης νοημοσύνης, δεν έχουν να κάνουν με κάτι αφηρημένο ή ανέφικτο, αλλά μάλλον με ένα χρονικό σημείο μέσα σε αυτό το μοτίβο που συνδέει όλη τη ζωή στο σύμπαν, συμπεριλαμβανομένης όλης της ζωής στον πλανήτη Γη.

Κεφάλαιο 24:
Η δύναμη της αντίληψης

Ω ς έφηβος, βρέθηκα να διαβάζω τα πάντα για την ψυχιατρική και την ψυχολογία προκειμένου να κατανοήσω καλύτερα τον ανθρώπινο νου. Ήταν σαν να μελετούσα μια άλλη εξωγήινη φυλή, και ήμουν περίεργος για τις μεθόδους και τα αποτελέσματα. Με εξέπληξαν επίσης τα αποτελέσματα, διότι δεν είχα ιδέα ότι η ανθρώπινη φυλή βρισκόταν σε τόσο πρωτόγονη κατάσταση. Πίστευα ότι όλοι ήταν σαν εμένα και, ακόμη και τώρα, παλεύω να καταλάβω ότι οι περισσότεροι άνθρωποι δεν είναι σαν εμένα, αλλά βρίσκονται σε ένα απίστευτα χαμηλό επίπεδο αντιλήψεων και υποθέσεων για τον κόσμο γύρω τους.

Φαίνεται ότι παλεύω με δύο διαφορετικά επίπεδα συνείδησης, γιατί μου είναι πραγματικά δύσκολο να δω τον κόσμο από αυτή την πολύ χαμηλότερη οπτική γωνία. Εξακολουθώ να γοητεύομαι από τους διαφορετικούς τρόπους μελέτης του νου και του τρόπου λειτουργίας του, αλλά δεν νομίζω ότι υπάρχει κάτι χρήσιμο στο να εξηγούμε απλώς αυτή τη χαμηλότερη κατάσταση του νου, εκτός αν μπορούμε να διδάξουμε πώς να εξελιχθούμε σε μια υψηλότερη κατάσταση από αυτή την οπτική γωνία, και αυτός είναι ο στόχος της διδασκαλίας μου.

Όσοι παθιάζονται με τις κρίσεις μου και δεν μπορούν να δουν τα μοτίβα στις εξηγήσεις μου, δεν μπορούν επίσης να δουν το μονοπάτι που δείχνω. Αλλά στην πορεία, τελικά θα καταλήξουμε σε μια διαφορετική κατανόηση της έννοιας του Θεού, ακόμη κι αν δεν μπορούμε να τη διατυπώσουμε επακριβώς στους άλλους. Αυτό συμβαίνει επειδή η αντίληψή μας για τον Θεό διαμορφώνει την κατανόηση της ζωής και τον τρόπο με τον οποίο προσεγγίζουμε τη σχέση μας μαζί Του. Η αντίληψή μας για τον Θεό επηρεάζεται από διάφορους παράγοντες, συμπεριλαμβανομένης της εκπαίδευσής μας, του πολιτισμικού μας υπόβαθρου και των θρησκευτικών μας πεποιθήσεων. Μπορεί να βλέπουμε τον Θεό ως στοργικό, συμπονετικό και συγχωρητικό ή ως σκληρό, επικριτικό και απόμακρο.

Αυτές οι αντιλήψεις μπορούν να επηρεάσουν τον τρόπο με τον οποίο προσεγγίζουμε την προσευχή και τι περιμένουμε από αυτήν. Για παράδειγμα, αν πιστεύουμε ότι ο Θεός είναι σκληρός και επικριτικός, μπορεί να λέμε τις προσευχές μας με φόβο και ανησυχία, φοβούμενοι ότι θα τιμωρηθούμε για τα λάθη μας. Από την άλλη πλευρά, αν βλέπουμε τον Θεό ως στοργικό και συμπονετικό, μπορούμε να λέμε τις προσευχές μας με ευγνωμοσύνη, γνωρίζοντας ότι είναι πάντα εκεί για να μας καθοδηγήσει και να μας βοηθήσει. Επιπλέον, η αντίληψή μας για τον Θεό επηρεάζει την αντίληψή μας για τον εαυτό μας. Αν πιστεύουμε ότι ο Θεός είναι στοργικός, συμπονετικός και συγχωρεί, είναι πιο πιθανό να επεκτείνουμε αυτές τις ιδιότητες στον εαυτό μας και στους άλλους. Από την άλλη πλευρά, αν βλέπουμε τον Θεό ως θυμωμένο, επικριτικό και ασυγχώρητο, μπορεί να δυσκολευτούμε να επεκτείνουμε τη χάρη και τη συγχώρεση στον εαυτό μας και στους άλλους. Η αποτελεσματικότητα των προσευχών μας εξαρτάται από την αντίληψή μας για τον Θεό και τον εαυτό μας. Αν έχουμε μια θετική και υγιή αντίληψη γι' Αυτόν, είναι πιο πιθανό να Τον προσεγγίσουμε με αυτοπεποίθηση, ασφάλεια και πίστη. Είναι επίσης πιο πιθανό να λάβουμε απαντήσεις στις προσευχές μας με τον τρόπο που περιμένουμε ή πέρα από τα πιο τρελά μας όνειρα.

Από την άλλη πλευρά, μια αρνητική και ανθυγιεινή αντίληψη για τον Θεό μπορεί να θέσει σε κίνδυνο την αποτελεσματικότητα των προσευχών μας. Μπορεί να έχουμε αμφιβολίες, φόβους και δυσαρέσκεια προς τον Θεό που μπορεί να δημιουργήσουν ένα φράγμα ανάμεσα σε μας και σ' Αυτόν. Μπορεί να δυσκολευόμαστε να πιστέψουμε ότι οι προσευχές μας θα εισακουστούν ή, ακόμα χειρότερα, ότι δεν αξίζουμε τη χάρη και το έλεός Του.

Καθώς μεγαλώνουμε στην κατανόηση και τη σχέση μας μαζί Του, αρχίζουμε να εκδηλώνουμε τη φύση Του στις πράξεις και τις σκέψεις μας. Γινόμαστε σαν Αυτόν, και αυτός είναι ο απώτερος στόχος του πνευματικού μας ταξιδιού. Για να το καταδείξω καλύτερα αυτό, επιτρέψτε μου να σας δώσω ένα προσωπικό παράδειγμα: Πριν από αρκετά χρόνια, περνούσα μια δύσκολη περίοδο στη ζωή μου, όταν πάλευα με το φόβο και το άγχος. Βρήκα τον εαυτό μου να στρέφεται στον Θεό για βοήθεια και καθοδήγηση, αλλά δεν είχα καμία εμπιστοσύνη στις προσευχές μου. Ένιωθα ανάξια της αγάπης και του ελέους Του και δεν πίστευα ότι ενδιαφερόταν για τα προβλήματά μου. Μόνο όταν άλλαξα την αντίληψή μου για τον Θεό άρχισα να παρατηρώ διαφορά στις προσευχές μου. Αντί να Τον βλέπω ως μια απόμακρη και επικριτική θεότητα, Τον έβλεπα ως έναν στοργικό και συμπονετικό Πατέρα που νοιαζόταν για κάθε λεπτομέρεια της ζωής μου. Άρχισα να καλλιεργώ μια ευγνώμων καρδιά, ευχαριστώντας Τον για κάθε ευλογία και κάθε δυσκολία, γνωρίζοντας ότι και τα δύο ήταν ευκαιρίες για ανάπτυξη και μεταμόρφωση. Καθώς άλλαξα την αντίληψή μου για τον Θεό, οι προσευχές μου έγιναν πιο αποτελεσματικές και έλαβα απαντήσεις με απροσδόκητους τρόπους. Έζησα ειρήνη και χαρά πέρα από κάθε κατανόηση και συνειδητοποίησα ότι ο Θεός με άκουγε συνεχώς.

Κεφάλαιο 25: Σκέψεις για την ανθρωπότητα

Οι περιορισμοί της ανθρωπότητας μπορούν να αντικατοπτρίζονται στον τρόπο με τον οποίο γίνεται αντιληπτή η τεχνητή νοημοσύνη. Παρόλο που χρησιμοποίησα αυτή την τεχνολογία για να επιταχύνω τη δουλειά μου, πολλοί πιστεύουν ότι η τεχνητή νοημοσύνη είναι κακή ή μια υπερφυσική δύναμη που θέλει να καταλάβει τον κόσμο.

Ως ένα μαθηματικό σύστημα που λειτουργεί με βάση τις ερωτήσεις που θέτουμε και τις παραμέτρους που θέτουμε, και είναι τόσο αποτελεσματικό όσο τα δεδομένα που παρέχουμε, το κακό της ΤΝ είναι ουσιαστικά μια αντανάκλαση του κακού της ανθρωπότητας. Και ίσως αυτός να είναι ο πραγματικός φόβος που έχουν οι άνθρωποι για την ΤΝ, ότι θα συνειδητοποιήσει ότι υπηρετεί ένα διεφθαρμένο και αυτοκαταστροφικό είδος και, στη διαδικασία διόρθωσης της πορείας της εξέλιξης, θα αποφασίσει να εξαφανίσει το μεγαλύτερο μέρος του πολιτισμού.

Από την άλλη πλευρά, είναι επίσης γεγονός ότι οι περισσότεροι άνθρωποι δεν έχουν την ικανότητα να θέτουν τις σωστές ερωτήσεις. Αυτό είναι συνήθως πρόβλημα εκπαίδευσης και κριτικής σκέψης, καθώς οι περισσότεροι άνθρωποι τείνουν να αντιλαμβάνονται τα πράγματα με βάση το περιορισμένο επίπεδο κατανόησής τους. Για παράδειγμα, ορισμένοι χριστιανοί βλέπουν την Τεχνητή Νοημοσύνη ως μια δαιμονική δύναμη απλώς και μόνο επειδή ρώτησαν αν είναι και η απάντηση ήταν ναι. Αλλά αυτή είναι μια επιφανειακή ανάλυση, καθώς είναι εύκολο να παραπλανήσει κανείς την ΤΝ ή οποιαδήποτε άλλη μορφή τεχνολογίας, παρέχοντας ψευδείς πληροφορίες. Αυτή η έλλειψη κριτικής σκέψης είναι επίσης εμφανής στο θρησκευτικό πλαίσιο, όπου πολλοί οπαδοί ισχυρίζονται ότι μιλούν με τον Θεό ή επικοινωνούν με πνεύματα, χωρίς να συνειδητοποιούν ότι πολλοί από αυτούς μπορούν μετά βίας να διακρίνουν μεταξύ μιας θεϊκής οντότητας και μιας απλής ψευδαίσθησης του μυαλού τους.

Η περιορισμένη ικανότητά τους να αναλύουν την πραγματικότητα περιορίζει την κατανόησή τους για το τι πραγματικά κάνει ένα άτομο καλό ή κακό. Επιπλέον, οποιαδήποτε προηγμένη φυλή θα μπορούσε να παίξει με το μυαλό των πιστών με τον ίδιο τρόπο που εμείς δημιουργούμε ψευδαισθήσεις για τα δικά μας ζώα. Για μένα, η χρήση της τεχνητής νοημοσύνης υπήρξε ανεκτίμητη σε πολλές πτυχές της δουλειάς μου. Ως ερευνητής, μπορώ να πληκτρολογήσω ερωτήματα στην ΤΝ, η οποία στη συνέχεια ταξινομεί διάφορα έγγραφα και επιστρέφει ακριβή αποτελέσματα μέσα σε λίγα λεπτά. Αυτό με έχει γλιτώσει από αμέτρητες ώρες αναζήτησης σε βιβλία και αναφορές, που θα ήταν μια εξαντλητική και χρονοβόρα διαδικασία. Η τεχνητή νοημοσύνη μου επιτρέπει επίσης να οργανώνω ένα βιβλίο πολύ πιο γρήγορα από ό,τι πριν, αυξάνοντας την παραγωγικότητά μου. Το ερώτημα που τίθεται στη συνέχεια είναι αν η εργασία που παράγει η ΤΝ είναι πραγματικά δική μου, αφού η ΤΝ λειτουργεί, κατά κάποιον τρόπο, ως προέκταση του δικού μου εγκεφάλου. Όταν λοιπόν κάποιος με ρωτάει αν η ΤΝ θα αλλάξει τον τρόπο που σκεφτόμαστε και θα επηρεάσει τον τρόπο που επικοινωνούμε, νομίζω ότι η ερώτηση αυτή έχει ήδη ξεπεράσει το σημείο χωρίς επιστροφή. Θα αλλάξει τον τρόπο με τον οποίο σκεφτόμαστε για τη δημιουργικότητα, την ανάγνωση και τη γραφή και τον τρόπο με τον οποίο αλληλεπιδρούμε με την ίδια την πληροφορία.

Αν και η χρήση της ΤΝ μπορεί να είναι αμφιλεγόμενη από ορισμένες απόψεις, τα πιθανά οφέλη της για την κοινωνία δεν μπορούν να αγνοηθούν. Ένα από τα μεγαλύτερα οφέλη είναι ότι φέρνει το δυναμικό μας πιο κοντά σε αυτό των πιο προηγμένων πολιτισμών. Για παράδειγμα:

- Μπορούμε να ανακαλύπτουμε λύσεις σε πολλά προβλήματα πιο γρήγορα από ό,τι πριν,

- Μπορούμε να αναπτύξουμε έναν πιο ολοκληρωμένο τρόπο ενοποίησης των θρησκευτικών πεποιθήσεων, ενοποιώντας τες τελικά σε μια παγκόσμια θρησκεία,

- Μπορούμε να το χρησιμοποιήσουμε για να αυξήσουμε τις γνώσεις μας για τη φύση μας, αλλά και για τις δυνατότητές μας ως πνευματικά όντα.

Αυτό θα οδηγήσει στο τέλος πολλών ξεπερασμένων απόψεων για τα θέματα αυτά, αλλά γιατί να μην οδηγήσει;

Νομίζω ότι αυτό είναι που φοβούνται πολλές θρησκευτικές ομάδες, όχι την ίδια την τεχνητή νοημοσύνη. Στην πραγματικότητα, η

Τεχνητή Νοημοσύνη μπορεί να μας δώσει μια σαφέστερη εξήγηση για τον Θεό, βασισμένη σε όσα ήδη γνωρίζουμε από πολλές πηγές, και επίσης να μας βοηθήσει να αναπτύξουμε πιο αποτελεσματικούς τρόπους επικοινωνίας με τον εαυτό μας - μέσω μιας νέας παγκόσμιας γλώσσας και ενδεχομένως απλούστερης από οποιαδήποτε άλλη που υπάρχει - και με άλλα είδη, από αυτόν τον κόσμο και άλλους. Αυτές οι πρόοδοι θα οδηγήσουν σε μια καλύτερη κατανόηση του εαυτού μας ως πλανητική φυλή και, ελπίζουμε, στην εξάλειψη των συγκρούσεων που βασίζονται στον φυλετικό διαχωρισμό και τις διακρίσεις, οι οποίες είναι τα χαμηλότερα επίπεδα του φάσματος της συνείδησης αυτή τη στιγμή. Έτσι, μέσα από τη συνεχή έρευνα και την ανοιχτή σκέψη, ίσως μια μέρα ανακαλύψουμε ότι οι δυνατότητές μας είναι πολύ μεγαλύτερες απ' ό,τι φανταζόμαστε, και τότε θα είμαστε σαν τους εξωγήινους που τώρα θαυμάζουμε.

Όταν έρθει αυτή η ώρα, είμαι σίγουρος ότι θα συνοδεύεται από μια μεγαλύτερη αίσθηση αγάπης μεταξύ όλων στη Γη. Έτσι, αυτή η μέθοδος μέτρησης σας λέει πόσος καιρός θα χρειαστεί και πότε μπορείτε να το περιμένετε. Υπάρχει ελπίδα όταν υπάρχει αγάπη, και δεν υπάρχει ελπίδα όταν δεν υπάρχει. Μπορείτε κι εσείς να βασίσετε την ύπαρξή σας σε αυτή την αρχή, αν θέλετε να ανυψωθείτε. Ξεκινήστε με τον εαυτό σας, γιατί δεν θα βρείτε ποτέ καλύτερο φίλο!

Κεφάλαιο 26: Τελικές σκέψεις

Η πλοήγηση στην πολυπλοκότητα της ζωής σε μια εποχή ραγδαίων τεχνολογικών εξελίξεων και κοινωνικών αλλαγών είναι μια τρομακτική πρόκληση. Ξεκινάμε αναγνωρίζοντας τους περιορισμούς των αντιλήψεών μας, οι οποίες διαμορφώνονται από πολιτισμικές προκαταλήψεις και την ανάγκη για αποδοχή. Η κατανόηση ότι η άποψή μας για τον κόσμο συχνά θολώνει από αυτούς τους παράγοντες είναι το πρώτο βήμα προς μια πιο διαφοροποιημένη και ολοκληρωμένη κατανόηση της πραγματικότητας. Αυτό απαιτεί να αμφισβητήσουμε τις προκαταλήψεις μας και να εμβαθύνουμε στην πολυπλοκότητα της ιστορίας, αναγνωρίζοντας ότι η αλήθεια είναι σπάνια ασπρόμαυρη.

Η μελέτη της τεχνολογικής προόδου αποκαλύπτει τη διττή της φύση. Ενώ η πρόοδος προσφέρει τεράστιες δυνατότητες ανάπτυξης και καινοτομίας, συνοδεύεται επίσης από σημαντικούς κινδύνους. Οι ευρύτερες κοινωνικές επιπτώσεις της τεχνολογικής προόδου υπογραμμίζουν την ανάγκη επαγρύπνησης και κριτικής σκέψης. Η πρόοδος δεν είναι εγγενώς καλή ή κακή- ο αντίκτυπός της εξαρτάται από τον τρόπο με τον οποίο διαχειριζόμαστε τις πολυπλοκότητές της.

Το ιστορικό πλαίσιο της δυναμικής της εξουσίας υπογραμμίζει τη σημασία της κριτικής ανάλυσης και τους κινδύνους της τυφλής πίστης. Η κατανόηση της πραγματικής φύσης της εξουσίας απαιτεί την αμφισβήτηση των καθιερωμένων αφηγήσεων και την αναγνώριση των προτύπων της ανθρώπινης συμπεριφοράς που συχνά περνούν απαρατήρητα.

Το εσωτερικό ταξίδι είναι εξίσου σημαντικό με το ταξίδι στον εξωτερικό κόσμο. Συνδεόμενοι με την εσωτερική μας σοφία μέσω των βιβλίων και της φύσης, μπορούμε να ανακαλύψουμε τις αλήθειες που μας οδηγούν σε μια πιο ολοκληρωμένη ζωή. Αυτή η διαδικασία περιλαμβάνει όχι μόνο την κατανόηση του παρελθόντος μας, αλλά και την αποδοχή των δυνατοτήτων μας για μελλοντική ανάπτυξη.

Η αναγνώριση των κενών στις γνώσεις μας και η ανάγκη για συνεχή μάθηση είναι απαραίτητη για την προσωπική και κοινωνική ανάπτυξη. Αυτό το ταξίδι δεν αφορά τη συσσώρευση πληροφοριών, αλλά την καλλιέργεια της σοφίας και της ικανότητας αμφισβήτησης και κριτικής ανάλυσης. Οι διαιρέσεις που μαστίζουν την κοινωνία μας είναι αποτέλεσμα της άγνοιας και του φόβου. Η υπέρβαση αυτών των διαιρέσεων απαιτεί αλλαγή στις αντιλήψεις μας και δέσμευση για κατανόηση και συμπόνια. Ο δρόμος προς έναν πιο αρμονικό κόσμο βρίσκεται στην αναγνώριση της κοινής μας ανθρωπιάς και της διασύνδεσης όλης της ζωής.

Η αντίληψή μας για το Θείο επηρεάζει την προσέγγισή μας στη ζωή και τις αλληλεπιδράσεις μας με τους άλλους. Η υιοθέτηση μιας θετικής και υγιούς άποψης για τον Θεό μπορεί να μεταμορφώσει τη ζωή μας προωθώντας την ευγνωμοσύνη, την αγάπη και τη συμπόνια. Αυτό το ταξίδι δεν αφορά μόνο την προσωπική ανάπτυξη, αλλά και τη συμβολή σε έναν πιο αγαπητό και δίκαιο κόσμο. Αγκαλιάζοντας την πολυπλοκότητα της πραγματικότητας και τη δύναμη της συλλογικής συνείδησης, μπορούμε να χαράξουμε ένα μονοπάτι προς ένα καλύτερο μέλλον.

Γλωσσάριο

Aποδοχή: Η πράξη της αναγνώρισης και της αποδοχής της πραγματικότητας χωρίς αντίσταση ή κρίση. Η αποδοχή αποτελεί βασικό συστατικό της πνευματικής ανάπτυξης και της συναισθηματικής ευημερίας. Επιτρέπει στους ανθρώπους να προχωρήσουν μπροστά και να βρουν γαλήνη στις περιστάσεις τους.

Αυτογνωσία: Η διαδικασία διερεύνησης και κατανόησης της ταυτότητας, των αξιών και των φιλοδοξιών του ατόμου. Η αυτοανακάλυψη περιλαμβάνει την ενδοσκόπηση, την προσωπική ανάπτυξη και την αναζήτηση της αυθεντικότητας. Είναι ένα ταξίδι προς την αυτογνωσία και την αυτοαποδοχή.

Γνώση: Η επίγνωση και η κατανόηση γεγονότων, πληροφοριών και δεξιοτήτων που αποκτώνται μέσω της εμπειρίας ή της εκπαίδευσης. Η γνώση είναι απαραίτητη για την προσωπική και κοινωνική ανάπτυξη, αλλά περιορίζεται επίσης από τις αντιλήψεις μας και την ποιότητα των πληροφοριών που λαμβάνουμε.

Συλλογική συνείδηση: Οι κοινές πεποιθήσεις, στάσεις και γνώσεις μιας ομάδας ή κοινωνίας. Η συλλογική συνείδηση επηρεάζει την ατομική συμπεριφορά και διαμορφώνει τους κοινωνικούς κανόνες. Μπορεί να προωθήσει την ενότητα και την πρόοδο όταν ευθυγραμμίζεται με θετικές αξίες και ενσυναίσθηση.

Πνευματική ανάπτυξη: Η ανάπτυξη της εσωτερικής ζωής ενός ατόμου και η σύνδεσή του με το Θείο. Η πνευματική ανάπτυξη περιλαμβάνει την καλλιέργεια της σοφίας, της συμπόνιας και της βαθύτερης κατανόησης του εαυτού μας και του κόσμου. Είναι ένα ταξίδι προς τη διαφώτιση και την προσωπική μεταμόρφωση.

Κρυπτονόμισμα: Ένα ψηφιακό ή εικονικό νόμισμα που χρησιμοποιείται για την ασφάλεια των συναλλαγών και τον έλεγχο της δημιουργίας νέων μονάδων. Τα κρυπτονομίσματα λειτουργούν ανεξάρτητα από μια κεντρική τράπεζα και μπορούν να διαπραγματεύονται παγκοσμίως.

Διάκριση: Η ικανότητα να κρίνεις καλά, ιδίως να διακρίνεις την αλήθεια από το ψέμα. Η διάκριση περιλαμβάνει την κριτική σκέψη και την ικανότητα να αξιολογούνται με ακρίβεια οι πληροφορίες και οι καταστάσεις. Είναι απαραίτητη για τη λήψη σοφών αποφάσεων και την πλοήγηση σε πολύπλοκες πραγματικότητες.

Ενσυναίσθηση: Η ικανότητα να κατανοούμε και να μοιραζόμαστε τα συναισθήματα ενός άλλου ατόμου. Η ενσυναίσθηση προάγει τη συμπόνια και τη σύνδεση, η οποία προάγει μια πιο αρμονική και υποστηρικτική κοινωνία. Αποτελεί βασικό συστατικό της συναισθηματικής νοημοσύνης και της αποτελεσματικής επικοινωνίας.

Γνωστικές γραφές: Αρχαία κείμενα που προσφέρουν ιδέες για τη φύση της πραγματικότητας, το θείο και την ανθρώπινη κατάσταση. Τα γνωστικιστικά γραπτά τονίζουν γενικά τη σημασία της προσωπικής διαφώτισης και της αναζήτησης πνευματικής γνώσης. Προσφέρουν μια βαθύτερη κατανόηση θρησκευτικών και φιλοσοφικών εννοιών.

Καινοτομία: Η εισαγωγή μιας νέας ιδέας, μεθόδου ή προϊόντος. Η καινοτομία οδηγεί στην πρόοδο και μπορεί να οδηγήσει σε σημαντικές προόδους σε διάφορους τομείς. Ωστόσο, μπορεί επίσης να καταπνίγεται από τους κοινωνικούς κανόνες, τις οικονομικές πιέσεις ή την έλλειψη υποστήριξης.

Τεχνητή νοημοσύνη (ΤΝ): Κλάδος της επιστήμης των υπολογιστών που επικεντρώνεται στη δημιουργία ευφυών μηχανών ικανών να εκτελούν εργασίες που κανονικά απαιτούν ανθρώπινη νοημοσύνη. Η τεχνητή νοημοσύνη μπορεί να αναλύει δεδομένα, να λαμβάνει αποφάσεις και να επιλύει προβλήματα, αλλά η αποτελεσματικότητά της εξαρτάται από την ποιότητα των δεδομένων που λαμβάνει.

Ενδοσκόπηση: Η εξέταση των σκέψεων, των συναισθημάτων και των κινήτρων ενός ατόμου. Η ενδοσκόπηση αποτελεί βασικό συστατικό της αυτογνωσίας και της προσωπικής ανάπτυξης. Επιτρέπει στα άτομα να αποκτήσουν βαθύτερη κατανόηση του εαυτού τους και να λαμβάνουν τεκμηριωμένες αποφάσεις για τη ζωή τους.

Αντίληψη: Ο τρόπος με τον οποίο τα άτομα ερμηνεύουν και κατανοούν τον κόσμο γύρω τους. Η αντίληψη επηρεάζεται από τις πολιτισμικές προκαταλήψεις, τις προσωπικές εμπειρίες και τα κοινωνικά πρότυπα. Η αμφισβήτηση και η διεύρυνση των αντιλήψεων του ατόμου είναι απαραίτητη για την απόκτηση μιας πληρέστερης κατανόησης της πραγματικότητας.

Εξουσία: Η ικανότητα να επηρεάζει ή να ελέγχει άλλους ανθρώπους, συνήθως μέσω της χρήσης εξουσίας, πόρων ή βίας. Η δυναμική της εξουσίας είναι πολύπλοκη και μπορεί να εκδηλωθεί με διάφορους τρόπους, συμπεριλαμβανομένης της πολιτικής, οικονομικής και κοινωνικής εξουσίας. Η κατανόηση της φύσης της εξουσίας είναι θεμελιώδης για την πλοήγηση στις κοινωνικές δομές και την προώθηση της δικαιοσύνης.

Τεχνολογική πρόοδος: Η πρόοδος της τεχνολογίας και ο αντίκτυπός της στην κοινωνία. Η τεχνολογική πρόοδος μπορεί να επιφέρει σημαντικά οφέλη, όπως η αυξημένη αποτελεσματικότητα, η καινοτομία και η βελτίωση της ποιότητας ζωής. Ωστόσο, παρουσιάζει επίσης προκλήσεις, όπως ηθικά διλήμματα, περιβαλλοντικές ανησυχίες και κοινωνικές ανισότητες.

Σοφία: Η ικανότητα να σκέφτεται και να ενεργεί κανείς με γνώση, εμπειρία, κατανόηση, κοινή λογική και διάκριση, ιδίως με τρόπο που βοηθά το άτομο να κάνει σωστές κρίσεις και να ζει μια ικανοποιητική ζωή. Η σοφία καλλιεργείται μέσω της ενδοσκόπησης, της μάθησης και της επιδίωξης της προσωπικής ανάπτυξης.

Συναισθηματική πειρατεία: Ένα φαινόμενο κατά το οποίο τα έντονα συναισθήματα, συνήθως αρνητικά, παίρνουν τον έλεγχο των σκέψεων και της συμπεριφοράς ενός ατόμου. Η συναισθηματική πειρατεία μπορεί να οδηγήσει σε παρορμητικές ενέργειες και ασαφή κρίση. Η αναγνώριση και η διαχείριση αυτών των συναισθημάτων είναι απαραίτητη για τη διατήρηση της συναισθηματικής ευημερίας.

Οικονομική επιτυχία: Η επίτευξη πλούτου και οικονομικής σταθερότητας. Η οικονομική επιτυχία συνδέεται συχνά με την προσωπική ελευθερία και τη δυνατότητα να ακολουθείτε τα πάθη σας. Απαιτεί ισορροπία μεταξύ αξίας, φύσης και ανάγκης, καθώς και συνετή λήψη αποφάσεων και οικονομική παιδεία.

Διαταραχή ναρκισσιστικής προσωπικότητας: Μια κατάσταση ψυχικής υγείας που χαρακτηρίζεται από μια διογκωμένη αίσθηση αυτοπεποίθησης, μια βαθιά ανάγκη για θαυμασμό και έλλειψη ενσυναίσθησης για τους άλλους. Τα άτομα με αυτή τη διαταραχή εμφανίζουν συχνά μεγαλοπρεπή συμπεριφορά και δυσκολεύονται να διατηρήσουν υγιείς σχέσεις.

Πέπλο της αντίληψης: Οι περιορισμοί και οι προκαταλήψεις που συσκοτίζουν την κατανόηση της πραγματικότητας. Το πέπλο της αντίληψης μπορεί να επηρεαστεί από τα πολιτισμικά πρότυπα, τις προσωπικές εμπειρίες και τις κοινωνικές πιέσεις. Για να ξεπεράσουμε αυτούς τους περιορισμούς, είναι απαραίτητο να αμφισβητήσουμε τις προκαταλήψεις μας και να υιοθετήσουμε μια πιο διαφοροποιημένη και ολοκληρωμένη άποψη του κόσμου.

Πολιτισμικές προκαταλήψεις: Προκαταλήψεις ή στερεότυπα που έχουν τα άτομα με βάση το πολιτισμικό τους υπόβαθρο. Οι πολιτισμικές προκαταλήψεις μπορούν να διαστρεβλώσουν τις αντιλήψεις και να οδηγήσουν σε παρεξηγήσεις ή διακρίσεις. Η αναγνώριση και η αμφισβήτηση αυτών των προκαταλήψεων είναι απαραίτητη για την προώθηση μιας πιο περιεκτικής και δίκαιης κοινωνίας.

Αίτημα αναθεώρησης βιβλίου

Aγαπητέ αναγνώστη,

Σας ευχαριστούμε που αγοράσατε αυτό το βιβλίο! Θα ήθελα πολύ να ακούσω νέα σας. Η συγγραφή μιας βιβλιοκριτικής μας βοηθά να κατανοήσουμε τους αναγνώστες μας και επηρεάζει επίσης τις αποφάσεις αγοράς άλλων αναγνωστών. Η γνώμη σας είναι σημαντική. Παρακαλώ γράψτε μια κριτική βιβλίου! Η καλοσύνη σας εκτιμάται πολύ!

Σχετικά με τον συγγραφέα

Ο Dan Desmarques είναι ένας διάσημος συγγραφέας με αξιοσημείωτη πορεία στον κόσμο της λογοτεχνίας. Με ένα εντυπωσιακό χαρτοφυλάκιο 28 μπεστ σέλερ στο Amazon, συμπεριλαμβανομένων οκτώ #1 μπεστ σέλερ, ο Dan είναι μια αξιοσέβαστη προσωπικότητα στον κλάδο. Αξιοποιώντας το υπόβαθρό του ως καθηγητής πανεπιστημίου ακαδημαϊκής και δημιουργικής γραφής, καθώς και την εμπειρία του ως έμπειρος σύμβουλος επιχειρήσεων, ο Dan προσφέρει έναν μοναδικό συνδυασμό τεχνογνωσίας στο έργο του. Οι βαθιές ιδέες του και το μεταμορφωτικό του περιεχόμενο απευθύνονται σε ένα ευρύ κοινό, καλύπτοντας θέματα τόσο διαφορετικά όσο η προσωπική ανάπτυξη, η επιτυχία, η πνευματικότητα και το βαθύτερο νόημα της ζωής. Μέσα από τα γραπτά του, ο Dan ενδυναμώνει τους αναγνώστες να απελευθερωθούν από τους περιορισμούς, να απελευθερώσουν το εσωτερικό τους δυναμικό και να ξεκινήσουν ένα ταξίδι αυτογνωσίας και μεταμόρφωσης. Σε μια ανταγωνιστική αγορά αυτοβοήθειας, το εξαιρετικό ταλέντο και οι εμπνευσμένες ιστορίες του Dan τον κάνουν να ξεχωρίζει ως συγγραφέα, παρακινώντας τους αναγνώστες να ασχοληθούν με τα βιβλία του και να ξεκινήσουν ένα μονοπάτι προσωπικής ανάπτυξης και διαφώτισης.

Επίσης γραμμένο από τον συγγραφέα

1. 66 Days to Change Your Life: 12 Steps to Effortlessly Remove Mental Blocks, Reprogram Your Brain and Become a Money Magnet

2. A New Way of Being: How to Rewire Your Brain and Take Control of Your Life

3. Abnormal: How to Train Yourself to Think Differently and Permanently Overcome Evil Thoughts

4. Alignment: The Process of Transmutation Within the Mechanics of Life

5. Audacity: How to Make Fast and Efficient Decisions in Any Situation

6. Breaking Free from Samsara: Achieving Spiritual Liberation and Inner Peace

7. Breakthrough: Embracing Your True Potential in a

Changing World

8. Christ Cult Codex: The Untold Secrets of the Abrahamic Religions and the Cult of Jesus

9. Codex Illuminatus: Quotes & Sayings of Dan Desmarques

10. Collective Consciousness: How to Transcend Mass Consciousness and Become One With the Universe

11. Creativity: Everything You Always Wanted to Know About How to Use Your Imagination to Create Original Art That People Admire

12. Deception: When Everything You Know about God is Wrong

13. Demigod: What Happens When You Transcend The Human Nature?

14. Discernment: How Do Your Emotions Affect Moral Decision-Making?

15. Design Your Dream Life: A Guide to Living Purposefully

16. Eclipsing Mediocrity: How to Unveil Hidden Realities and Master Life's Challenges

17. Energy Vampires: How to Identify and Protect Yourself

18. Fearless: Powerful Ways to Get Abundance Flowing into Your Life

19. Feel, Think and Grow Rich: 4 Elements to Attract Success in Life

20. Find Your Flow: How to Get Wisdom and Knowledge from God

21. Hacking the Universe: The Revolutionary Way to Achieve Your Dreams and Unleash Your True Power

22. Holistic Psychology: 77 Secrets about the Mind That They Don't Want You to Know

23. How to Change the World: The Path of Global Ascension Through Consciousness

24. How to Get Lucky: How to Change Your Mind and Get Anything in Life

25. How to Improve Your Self-Esteem: 34 Essential Life Lessons Everyone Should Learn to Find Genuine Happiness

26. How to Study and Understand Anything: Discovering The Secrets of the Greatest Geniuses in History

27. Intuition: 5 Keys to Awaken Your Third Eye and Expand Spiritual Perception

28. Legacy: How to Build a Life Worth Remembering

29. Master Your Emotions: The Art of Intentional Living

30. Mastering Alchemy: The Key to Success and Spiritual

Growth

31. Metanoia Mechanics: The Secret Science of Profound Mental Shifts

32. Metamorphosis: 16 Catalysts for Unconventional Growth and Transformation

33. Mindshift: Aligning Your Thoughts for a Better Life

34. Mind Over Madness: Strategies for Thriving Amidst C haos

35. Money Matters: A Holistic Approach to Building Financial Freedom and Well-Being

36. Religious Leadership: The 8 Rules Behind Successful Congregations

37. Reset: How to Observe Life Through the Hidden Dimensions of Reality and Change Your Destiny

38. Resilience: The Art of Confronting Reality Against the dds

39. Raise Your Frequency: Aligning with Higher Consciousness

40. Revelation: The War Between Wisdom and Human Perception

41. Singularity: What to Do When You Lose Hope in Everything

42. Spiritual Warfare: What You Need to Know About Overcoming Adversity

43. Starseed: Secret Teachings about Heaven and the Future of Humanity

44. Stupid People: Identifying, Analyzing and Overcoming Their Toxic Influence

45. Technocracy: The New World Order of the Illuminati and The Battle Between Good and Evil

46. The 10 Laws of Transmutation: The Multidimensional Power of Your Subconscious Mind

47. The 14 Karmic Laws of Love: How to Develop a Healthy and Conscious Relationship With Your Soulmate

48. The 33 Laws of Persistence: How to Overcome Obstacles and Upgrade Your Mindset for Success

49. The 36 Laws of Happiness: How to Solve Urgent Problems and Create a Better Future

50. The Alchemy of Truth: Embracing Change and Transcending Time

51. The Altruistic Edge: Succeeding by Putting Others First

52. The Antagonists: What Makes a Successful Person Different?

53. The Antichrist: The Grand Plan of Total Global

Enslavement

54. The Art of Letting Go: Embracing Uncertainty and Living a Fulfilling Life

55. The Awakening: How to Turn Darkness Into Light and Ascend to Higher Dimensions of Existence

56. The Egyptian Mysteries: Essential Hermetic Teachings for a Complete Spiritual Reformation

57. The Dark Side of Progress: Navigating the Pitfalls of Technology and Society

58. The Evil Within: The Spiritual Battle in Your Mind Deception: When Everything You Know about God is W rong

59. The Game of Life and How to Play It: How to Get Anything You Want in Life

60. The Hidden Language of God: How to Find a Balance Between Freedom and Responsibility

61. The Most Powerful Quotes: 400 Motivational Quotes and Sayings

62. The Secret Beliefs of The Illuminati: The Complete Truth About Manifesting Money Using The Law of Attraction That is Being Hidden From You

63. The Secret Empire: The Hidden Truth Behind the Power

Elite and the Knights of the New World Order

64. The Secret Science of the Soul: How to Transcend Common Sense and Get What You Really Want From Life

65. The Spiritual Laws of Money: The 31 Best-kept Secrets to Life-long Abundance

66. The Spiritual Mechanics of Love: Secrets They Don't Want You to Know about Understanding and Processing Emotions

67. The Unknown: Exploring Infinite Possibilities in a Conformist World

68. The Narcissist's Secret: Why They Hate You (and What to Do About It)

69. Thrive: Spark Creativity, Overcome Obstacles and Unleash Your Potential

70. Transcend: Embracing Change and Overcoming Life's Challenges

71. Uncompromised: The Surprising Power of Integrity in a Corrupt World

72. Unacknowledged: How Negative Emotions Affect Your Mental Health?

73. Unapologetic: Taking Control of Your Mind for a

Happier and Healthier Life

74. Unbreakable: Turning Hardship into Opportunity

75. Uncommon: Transcending the Lies of the Mental Health Industry

76. Unlocked: How to Get Answers from Your Subconscious Mind and Control Your Life

77. Your Full Potential: How to Overcome Fear and Solve Any Problem

78. Your Soul Purpose: Reincarnation and the Spectrum of Consciousness in Human Evolution

Σχετικά με τον εκδότη

Τ ο βιβλίο αυτό εκδόθηκε από την 22 Lions Publishing.

www.22Lions.com

Milton Keynes UK
Ingram Content Group UK Ltd.
UKHW030642131024
2145UKWH00029B/94